민주화 운동가 이오순 평전

민주화 운동가 이오순 평전-
# 돗자리 장수에서 광장으로

**펴낸날** 2025년 11월 1일

**지은이** 임수정
**펴낸이** 주계수 | **편집책임** 이슬기 | **꾸민이** 이슬기

**펴낸곳** 밥북 | **출판등록** 제 2014-000085 호
**주소** 서울시 마포구 양화로 156 LG팰리스빌딩 917호
**전화** 02-6925-0370 | **팩스** 02-6925-0380
**홈페이지** www.bobbook.co.kr | **이메일** bobbook@hanmail.net

© 임수정, 2025.
ISBN 979-11-7223-120-0 (03990)

※ 이 책은 저작권법에 따라 보호받는 저작물이므로 무단전재와 복제를 금합니다.

민주화 운동가 이오순 평전

임수정

# 돗자리 장수에서 광장으로

## 책머리에

2023년 10월, 친구 장이정수가 연락을 했다. 다짜고짜 평전 한 번 써보겠느냐고 물었다. 장이정수는 나의 20년 지기 친구이고 환경운동가였다. 나는 누구의 평전이냐고 묻지도 않고 쓰겠다고 답했고 친구는 약간 놀라는 눈치였다. 평전의 주인공이 누구인지 묻지도 않느냐고 되물었다. 나는 '너의 추천인데 무조건 써야지'라고 답했다.

나는 광주에서 고등학교에 다니며 1980년을 겪었고 평생을 여성운동 현장에서 활동하며 여성생애사에 관심을 기울여 왔다. 요즘은 1980년 5월을 겪어낸 여성들의 이야기를 수집하고 글을 쓰고 있다. 친구는 평전을 생애사로 이해한 것 같았다. 생애사는 개인의 삶을 사회적·역사적 맥락 속에서 이해하고 사회구조를 파악하는 학술적인 작업이다. 반면에 평전은 작가의 주관적인 해석과 평가를 바탕으로 개인의 삶의 궤적을 분석하고 그 의미를 파악하는 것이다. 사회적·역사적 맥락은 생애사와 평전 모두의 공통분모이다. 이오순의 평전은 민주화운동이 갖는 역사적 의미와 우리 사회에 끼친 영향력을 고려할 때 생애사 연구와 크게 다르지 않은 작업이다. 나 역시 친구와 같은 관점으로 평전 집필을 수락했다.

장이정수가 전해준 평전 주인공 이오순의 정보는 간략했다. 일제강점기에 광주에서 태어났고, 1985년 막내아들 송광영이 '광주학살 책임지고 전두환은 물러가라!'고 외친 후 분신 사망했다는 것이었다. 이후 이오순은 전국민족민주유가족협의회(유가협) 회원이 되어 민주화운동을 했고 민주화운동 유공자가 되었으며, 30년 전에 세상을 떠났다고 했다. 친구는 이오순이 '광주' 출생이라는 말을 듣자 내가 생각났다고 했다. 나는 친구가 전해 준 간략한 정보를 바탕으로 이오순을 어떻게 그릴지 상상하기 시작했다.

일기나 편지 등 개인적인 자료가 부족한 상태에서 인터뷰를 시작했다. 2023년 12월에 시작한 인터뷰는 2024년 7월까지 계속되었다.

이오순은 가난한 집에서 태어나 가난한 집으로 시집가서 4남 1녀를 두었다. 그녀는 자식들과 먹고살기 위해 서울로 장사하러 떠났다. 이오순이 서울로 떠난 1959년은 산업화가 막 시작되어 이촌향도 현상이 거세던 때였다. 결혼하지 않은 여성들은 공장에 취직해서 가족들의 생계를 도왔고 기혼 여성들은 행상을 하거나 파출부가 되어 생계를 이었다. 이오순은 서른세 살에 갓 백일이 지난 막내아들 송광영을 업고 장삿길에 나섰다. 4명의 자식들은 남편과 고향에 남았다. 고향을 떠난 지 26년째 되던 1985년 막내아들 송광영은 분신했다. 이 일은 이오순의 인생에 큰 전환점이 되었다. 이오순의 나이 쉰아홉 살 때의 일이었다. 이후 이오순은 유가협을 창립하는 데 앞장섰고, 민주화운동에 헌신했다.

여성 가장의 삶을 살아온 그녀에 관한 자료는 유족과 친인척, 유가협 동지들의 구술 자료가 전부였다. 구술자 중 송영숙, 김효지, 이용남 세 분의 이야기가 평전의 얼개를 구성하는 데 많은 도움이 되었다.

나는 처음부터 이오순의 외동딸 송영숙에 주목했다. 이오순이 서울로 장사하러 떠날 때 열 살이었던 송영숙은 엄마 없는 집에서 가사를 전담했다. 1965년 가족들이 서울로 이주할 때 함께 상경했으며 청계천 봉제공장에 취직해서 가족의 생계를 도왔다. 막냇동생 송광영이 분신하자 엄마와 함께 민주화운동에 동참했다. 내가 인터뷰를 하러 갔을 때 일흔여섯의 송영숙은 치매를 앓고 있었다. 대부분의 질문에 '다 좋았다'고 답했다. 민주화운동을 왜 그렇게 열심히 했느냐고 묻자 '막둥이가 나를 그렇게 만들었제'라고 답했다. 송영숙의 짧은 대답 속에는 그녀의 삶의 풍경이 고스란히 담겨 있었다. 송영숙은 2024년 8월, 병환으로 유명을 달리했다.

이오순의 어린 시절을 유추할 단초를 준 것은 그녀의 남동생 이용남의 구술이었다. 아흔세 살의 이용남과 필담으로 대화했다. 노환으로 귀가 들리지 않았지만 이오순과 함께 보낸 어린 시절을 생생하게 기억하고 있었다. 이용남의 구술을 통해 이오순이 혼인하기 전까지의 삶을 재구성할 수 있었다. 필담을 마치고 얼마 지나지 않아 이용남 또한 세상을 떠났다.

이오순의 서울 생활은 김효지의 생생한 구술 덕분에 가능했다. 김효지는 이오순의 시가 쪽 친척이다. 청풍동 신촌마을에서 함께 살았고 서울로 상경해서 행상도 함께했다. 김효지는 합숙소 다락방 이야기, 머리에 이고 다니며 팔았던 물품들을 상세하게 이야기해 주었다. 해방과 전쟁을 겪은 우리나라는 곧바로 산업화 물결에 휩싸였고, 그 시기에 방문판매에 나섰던 여성들의 삶이 김효지의 이야기를 통해서 재현되었다.

이오순의 민주화운동은 유가협 회원들의 구술과 유가협 30년사 『너의 사랑 나의 투쟁』의 도움을 받았다. 또 이오순이 유공자 심사를 받기 위해 제출했던 국가기록원 자료도 큰 도움이 되었다. 유가협 회원 중에 '이오순만 그렇게 열심히 한 것이 아니야. 우리 모두 죽을 둥 살 둥 열심히 했어'라는 말로 구술을 마치는 회원이 있었다. 그 말은 이오순의 민주화운동을 과장 없이 있는 그대로 드러나도록 하는 기준점 역할을 했다.

구술이 제때에 원활하게 이루어질 수 있도록 도운 사람은 유족 송선영이었다. 이오순의 둘째 아들인 그는 내가 인터뷰 일정을 잡으면 인터뷰이에게 미리 연락해서 안내하고 자리를 지킬 수 있게 도움을 요청했다. 송선영은 평전 발간 이후 「재단법인 이오순재단」을 만들어 이오순의 활동을 널리 알리고 그 정신을 계승하기 위한 준비를 하고 있다.

송선영은 이오순의 큰언니 이순임의 이야기가 비중 있게 다뤄지길 바랐지만 그러지 못했다. 대신 여기에 이순임의 이야기를 간략하게 기록하기로 했다.

이순임은 1919년에 태어났다. 한국전쟁 때 남편을 잃고 3남매를 키우며 어렵게 살았다. 이오순은 평생 이순임과 가까이 살면서 마치 어머니를 모시듯 모셨다. 가장이 없는 집안의 어려움을 잘 알기에 큰언니를 위로하기도 하고 서로 격려하며 의지했다. 큰언니의 자식들도 제 자식처럼 돌봤다. 이오순은 큰언니만이 아니라 집안의 어려운 형제자매들과 그 후손들을 두루 돌보고 거두는 품이 넓은 사람이었다.

가끔 80년대식 민주화운동은 효용을 다 했다고 말하는 사람들이 있다. 시대변화에 따른 운동 방향과 내용을 고민해야 할 시기라는 것이다. 하지만 시간이 흘렀다고 해서, 운동의 방법이 바뀌어야 한다고 해서, 민주화운동이 박물관에 박제되어야 하는 것은 아니다. '80년대식 민주화운동'이라는 말은 많은 설명이 필요하다.

우리는 2024년 겨울 윤석열 정권의 12·3 내란 과정을 지켜봤다. 독재를 꿈꾸는 권력집단의 망상이 존재하는 한 민주주의를 지키기 위한 투쟁은 계속되어야 한다. 모쪼록 이 기록이 민주화를 위해 거리에서 투쟁하는 많은 사람들에게 생각할 과제를 던져주고, 힘이 되어주기를 기대한다.

초고를 읽고 수정방향을 제시해 주고 오류를 지적해 준 김규성 시인, 송기역 시인, 명혜정 소설가에게 깊은 감사의 인사를 드린다.

2025.10.31.
임수정

## 추천사

"광영이 어머니, 힘내세요."

문익환 목사가 세상을 떠난 그날, 이오순 어머니는 그 목소리를 들은 듯했다. 그날 이후 어머니는 길고 긴 어둠 속으로 걸어 들어갔다. 그리고 정확히 일주일 뒤, 그 길의 끝에서 목사님 곁으로 돌아갔다. 그 짧은 간격은 우연이 아니라, 평생을 이어온 두 영혼의 깊은 연대의 증언이었다.

임수정 작가의 『이오순 평전』은 그 연대의 길을 따라 걸으며, 한 시대의 어머니가 어떻게 민중과 민족의 양심이 되었는지를 세심하고 따뜻한 필치로 그려낸다. 이 책을 읽으며 깨닫게 된다. '이오순'이라는 이름은 단지 한 사람의 이름이 아니라, 고통 속에서도 사랑을 잃지 않은 '민중의 어머니'라는 것을.

이오순 어머니는 평생 누군가의 곁을 지키며 살았다. 남편 없는 삶, 가난한 생계, 다섯 자녀를 품은 세월 속에서도 "살아서 싸우고 이겨내자"라는 말을 온몸으로 실천했다. 막내아들 광영의 분신 이후에도 그는 한순간도 자신의 고통에 머물지 않았다. 거리로 나서고, 학생들을 구하고, 울고 있는 사람의 어깨를 감싸며 다시 걸었다. 그 한 걸음 한 걸음이 곧 시대의 정의였고, 신앙이었다.

문익환 목사는 그런 이오순을 보며 늘 '빛의 사람'이라 불렀다. 행상하던 손으로 자식을 묻고도 다시 사람을 일으키던, 어둠 속에서도 빛을 놓지 않았던 사람이었기 때문이다. 1985년 처음 만나 '광영 어머니'라 부르며 두 손을 맞잡았던 순간부터, 1994년 마지막 눈 내리던 겨울까지, 두 사람은 같은 믿음을 품었다.

"통일은 된다. 사람의 힘으로, 사랑의 힘으로."

이 평전의 가장 깊은 울림은 바로 그 사랑의 힘이다. 가난과 폭력, 억압을 뚫고 자라난 사랑은 이오순 어머니의 삶을 다시 일으켰고, 세상을 바꾸는 씨앗이 되었다. 작가는 그 씨앗을 한 올 한 올 복원하며, 어머니의 생을 '고통의 서사'가 아니라 '부활의 서사'로 써 내려간다. 죽음조차 어머니를 끊어내지 못했고, 이별조차 그를 가두지 못했다. 그는 민주화운동기념공원에 잠들어 있지만, 여전히 그 자리를 지키며 "살아서 싸우라"는 부활의 언어를 세상에 던지고 있다. 어머니는 어떻게 살고 있느냐고, 어디로 가려고 하느냐고 우리에게 묻고 계신다.

임수정 작가의 문장은 담담하지만 뜨겁고, 단정하지만 깊다. 이 평전은 한 여성의 노동, 어머니의 사랑과 투쟁, 늦봄의 통일 삶과 신앙이 하나의 생애 안에서 어떻게 이어지는지를 보여준다.

이오순 어머니는 이미 이 세상을 떠나셨다. 그러나 그녀의 생은 여전히 진행 중이다. 어머니의 동지들, 유가협의 어머니 아버지들은 여전히 거리에서 투쟁을 이어가고 있다. 그녀가 남긴 것은 붉은 꽃이 아니라, 꺼지지 않는 등불이다. 그 등불은 어두운 시대를 견디는 사람들의 마음에 여전히 타오르고 있다.

『이오순 평전』은 한 사람의 이야기가 아니라, 우리 모두의 기억을, 희망을 되살리는 책이다. 이오순 어머니의 삶은 이 땅 깊숙이 뿌려진 부활의 씨앗이다. 그 씨앗이 마침내 참된 자유와 정의, 평화의 꽃으로 피어나리라 믿는다.

이오순 어머니와 송광영 열사, 문익환 목사님, 그 시대를 함께했던 분들을 오늘의 삶으로 되살려준 임수정 작가에게 존경과 감사를 드리며, 이 평전이 자유와 정의, 평화를 소망하는 모든 분의 가슴에 뜨겁게 가 닿을 수 있기를 기도한다.

늦봄문익환목사기념사업회 이사장 송경용 신부(성공회)

책머리에 __ 4
추천사 |송경용 신부 __ 10

프롤로그 | 인연과 운명　　　　　　　　　　　　18

## 1부 식민지에서 여성으로

'여자'로 태어나다　　　　　　　　　　　　　30
가난했지만 담대하게　　　　　　　　　　　　34
열일곱에 열여섯 연상과 결혼하다　　　　　　41

## 2부 생존의 봉화가 오르지 않는 집

'남자어른' 남편과 벗어날 수 없는 가난　　　48
오직 살기 위해 장사에 나서다　　　　　　　56
세속을 초월한 천도교도 남편　　　　　　　　65
남도땅 벽촌에서 서울로　　　　　　　　　　75

## 3부 서울, 희망과 고난

| | |
|---|---|
| 서울 행상 6년 만에 마련한 땅 한 뙈기 | 86 |
| 골목길 인심을 사로잡은 장사수완 | 91 |
| 남편을 보내고 아이들도 서울로 | 96 |
| 시대의 변화를 절감하다 | 106 |
| 합숙소 다락방 | 111 |

## 4부 마디마디 아픈 다섯 손가락

| | |
|---|---|
| '엄마'라는 말보다 '돗자리 사려'를 먼저 배우다 | 114 |
| 안 아픈 손가락은 없다 | 121 |
| 격동의 1970년대와 자녀들의 앞날 | 127 |
| 평화시장에서 전태일을 만난 광영 | 133 |
| 평범한 소망 | 139 |

## 5부 화염의 불기둥

| | |
|---|---|
| "부끄럽게 살고 싶지 않아요!" | 146 |
| 확산하는 분신 소식과 두려워 막는 경찰 | 156 |
| 왜, 왜? 제 목숨까지 바쳐서…? | 158 |
| 고통 속 아들의 마음을 읽다 | 165 |
| 떠났지만 보낼 수 없는 아들 | 169 |
| 가슴에 묻고 새긴 아들과 그 뜻 | 175 |
| 내민 손 붙잡고 아들의 뒤를 이어 | 182 |

## 6부 너희의 죽음이 헛되지 않도록

| | |
|---|---|
| 사라진 묘비석과 추모비 | 194 |
| 내가 낳았지만 나만의 아들이 아니었던 광영 | 204 |
| 6월의 광장에서 되살아난 아들 | 209 |
| 기억해주는 건 살아있다는 것 | 215 |
| 자식의 죽음이 헛되지 않도록 | 220 |
| 돗자리 장수, 마음을 울린 연설가가 되다 | 229 |
| 안식처이자 연대의 공간, '한울삶' | 235 |

## 7부 "제발 죽지 말고 싸워라! 살아서 싸워 이겨라!"

또 다른 광영이들　　　　　　　　　　　　246
법정 항의와 수배를 피한 광주 생활　　　　254
더 강하고 절실하게, 유가협 부회장　　　　263
문익환을 보내고 곧이어 떠난 길　　　　　270
언제나 앞장서 싸우던 모두의 어머니　　　277
어머니! 다시 일어나세요　　　　　　　　283

에필로그 | 함께 돌보고 함께 나누는 삶을 살다간 이　　288

### ■ 내가 본 이오순

질곡의 역사에 피어나신 열사의 어머니 이오순! |심우기 시인　294
다시 어머님을 불러봅니다 |김현의 목사　　　　　　　297
"폭탄이다, 이놈아!" 웃음으로 우리를 깨운 여전사 |이현숙 작가　300
할머니에 대한 기억 |송우진　　　　　　　　　　　　　305

이오순 연보 __ 308
참고자료 __ 310

프롤로그

# 인연과 운명

 1994년 1월 22일 정오. 문익환 목사 운구 행렬이 동숭동 대학로 마로니에 공원에 멈췄다. 잿빛 하늘, 간간이 흩날리는 눈, 펄럭이는 만장들, 슬퍼하는 수천의 사람들…. 잿빛 세상 위로 흰 눈이 내려앉았다. 함께했던 사람이 떠나고 영원할 것 같았던 시간이 멈추자 그 자리에 감당하기 어려운 황망함이 들어찼다.

 이오순은 운구 행렬이 혜화동 로터리를 지나 동대문 쪽으로 움직이기 시작하자 조문객의 무리에서 잠시 옆으로 빠져나왔다. 운구차에 실려 있는 사진 속 문익환 목사는 환하게 미소 짓고 있었다. 평소와 똑같은 표정. 살아있는 사람 같았다. 이제 다시는 두 손을 마주 잡을 수 없다는 사실이 믿기지 않았다.

 갑자기 회오리바람이 일었다. 몸이 휘청 흔들렸다. 이오순은 이상하다 생각했다. 문익환 목사 장례를 치르느라 며칠 밤을 새웠다. 그래서 피곤한 것인가 생각했다. 이오순은 쪽 찐 머리를 손으로 가다

듬었다. 머리카락 한 올 흘러내리지 않도록 매만졌다.

이오순은 구부정해진 허리를 곧추세우고 운구 행렬을 뒤따라 걸었다. 박정기, 이소선, 정영자, 강민조, 배은심…. 며칠 사이에 수척해진 유가협 회원들의 얼굴이 보였다. 자신의 얼굴빛도 그들과 다르지 않으리라는 생각이 들었다. 이오순은 손으로 얼굴을 쓱쓱 문질렀다. 운구 행렬을 따르는 수천의 만장은 마치 거대한 파도처럼 밀려가기 시작했다. 당당하고 힘찬 애도의 물결이었다.

문익환 목사의 죽음은 갑작스러웠다. 그 숱한 감옥살이를 겪고도 씩씩했다. 이렇게 갑자기 떠날 것이라고는 생각하지 못했다. '통일은 됐어. 누가 뭐래도 된 거야 하시더니 통일은 어떻게 이루나…?' 장례 행렬이 끝없이 이어졌다.

이오순이 문익환 목사를 만난 것은 1985년 11월이었다. 막내아들 광영을 금촌의 기독교묘역에 묻은 지 10여 일 뒤였다. 낡고 허름한 이오순의 집에 문익환 목사가 찾아왔다. 그는 "광영이 어머니"라고 부르며 두 손을 꼭 잡아주었다. 두 손을 붙잡고 눈을 바라보며 걱정하지 말라는 듯 고개를 끄덕여주자 마음이 한결 따뜻해졌다. 문 목사의 낮고 따스한 목소리가 좋았다. 그 목소리를 따라 10년을 함께 걸었다. 민주화운동의 길이었다.

문익환 목사와 이오순이 살아생전 함께 활동하는 모습
(1990.11.3. 앞줄 맨 왼쪽 이오순, 그 옆 문익환)

2.

문익환 목사의 장례행렬은 서울시립승화원에 도착해서 화장을 기다렸다. 화구에 불꽃이 일자 이오순은 저도 모르게 한걸음 뒤로 물러섰다. 광영이 제 몸에 불을 붙인 이후 불길을 바로 보지 못했다. 민주열사들의 장례식 때도 관에 불이 붙는 그 순간은 지켜보지 못했다.

광영은 숨이 끊어지는 마지막 순간까지 고통스럽게 울부짖었다.

"엄마! 간호사!"

그 목소리를 잊을 수가 없다. 환하게 웃으며 어깨를 주물러주고, 엄마의 건강을 염려해주던 다정한 막내아들은 일그러진 모습과 비통한 목소리로 기억 속에 남았다. 문 목사가 "광영이 어머니"라고 불러주었을 때만 환하게 웃는 모습으로 다가오는 것 같았다.

광영이 스스로 몸에 불을 붙이고 저항한 이유는 무엇이었을까. 이오순은 광영을 땅에 묻고 나서도 이유를 알지 못했다. 무엇 때문에 그 고통을 선택한 것일까? 살아서는 할 수 없는 일이었을까? 그 이유를 생각할 때마다 가만히 앉아있을 수가 없었다. 시위현장으로 나갔다. 최루탄 가스 속에서 질주하는 순간에만 가슴속 불길이 잦아들었다.

시위현장에는 수많은 '광영이'가 뛰어다녔다. 그들은 방패를 세우고 병풍처럼 늘어선 전투경찰에게 돌멩이를 던졌다. 화염병도 던졌다. 백골단에게 붙잡히면 순식간에 짓밟혔다. 닥치는 대로 내리치는 폭력을 당하면서도 도망가지 않았다. 왜 저러는 것일까? 도대체 전두환이가, 노태우가 무엇을 잘못했기에 목숨을 아까워하지 않고 덤벼든단 말인가? 이오순은 의문 속에서도 학생들을 향해 달렸다. 뿌연 최루탄 가스 속에서 누군가 다쳐서 움직이지 못하고 있는 것은 아닌지, '닭장차'(시위진압 전투경찰을 수송하고 체포한 시위대를 연행하던 버스)로 끌려가고 있지 않은지 빠르게 살폈다. 작달막한 키, 쪽 찐 머리, 생활한복 차림에 작은 가방을 든 채 학생들과 함께 뛰어다녔다. 이오순이 시위현장에 나타나면 시위대는 지원군이 왔다며 반겼고, 전투경찰들은 성가셔하는 분위기였다.

이오순은 끊임없이 생각했다. 그녀가 살아온 날들은 먹고살기 힘든 세월이었다. 먹고살기 위해 서울로 올라와 행상을 시작한 지 26년이 되었다. 이오순의 정수리는 머리카락이 다 빠져 맨들맨들했다. 날마다 대바구니 꾸러미를 이고 다닌 탓이었다. 행상만 한 것이 아니었다. 남의 집 일을 뼈가 부서지도록 했다. 김장, 결혼식, 제사, 큰 행사를 치르는 집의 가사노동을 무던히도 해주었다. 그래도 자식들을 배불리 먹이지 못했다. 좋은 옷을 입히지 못했고 다섯 명의 자식을 제대로 학교에 보내지 못했다. 대학에 보낼 생각은 하지도 못했다. 겨우 입에 풀칠하고 살았다. 그런데, 저 학생들은 왜 거리에서 싸우는가? 투석전을 하고 두들겨 맞고 잡혀가고 심지어 목숨까지 바치는가?

"독재 타도!"

광영이 외치던 구호였다. 학생들이 "독재 타도!"를 외치며 몸을 사리지 않는 모습을 보고 있으면 마치 광영이 싸우고 있는 것 같았다. 광영이 생각이 떠오르는 순간 이오순은 망설임 없이 뛰어나갔다. '광영이'들을 지켜야 했다. 백골단에 붙잡혀 끌려가는 학생을 빼앗기지 않으려고 사투를 벌였다. 최루탄 좀 그만 쏘라고 울부짖었다.

문득 돌아보면 시위대를 가로막아선 전투경찰도 광영이와 같은 또래들이었다. 이오순은 전투경찰의 어쩔 수 없는 처지를 이해했다. 하지만 응징을 할 수밖에 없었다. 그 몸짓은 서슴없었다. 거리의 시위현장에서 전투경찰 가까이 다가가는 건 위험한 일이었다. 이오순은 할 수만 있다면 독재자에게 직접 항의하고 싶었으나 그럴 수는 없었다. 학생들을 구하는 일에 최선을 다할 수 있을 뿐이었다.

그러던 어느 순간, 광영이 제 몸을 불사른 이유를 알 것 같았다. 아무리 독재 타도를 외쳐도 타도되지 않는 것이 독재권력이었다. 힘껏 달려가 부딪쳐도 끄떡하지 않았다. 사람만 깨져 피투성이가 되었다. 목숨을 바쳐야 끝날 것 같았다. 광영은 제 목숨을 버려서 독재정권을 무너뜨리고 민주주의를 이루려 했다는 게 느껴졌다.

이오순과 전국민주화운동유가족협의회(유가협) 회원들은 맵고 독한 최루가스를 뒤집어쓴 채 닭장차에 실려 어딘지도 모를 곳에 내던져졌다. 한꺼번에 내려주는 것이 아니었다. 어딘지도 모를 곳으로 한참 달리다가 한 명 내려주고, 또 한참을 달리다가 한 명을 떨어뜨렸다. 그래도 두렵지 않았다. 밤새 걸어서 돌아오면 되었다. 아무리 어둡고 멀어도 괜찮았다. 혼자 내던져져서 낯선 길을 걸을 때에서야 비로소 눈물이 났다. 살아있으니 독재자도 미워할 수 있었다. 아무리 낯선 곳이라도 살아있으니 걸어서 돌아올 수 있었다. 광영은 죽고 없다. 말을 걸 수도, 만질 수도 없다. 그것이 원통했다.

광영은 제 몸을 불살라 어미를 가르치고 있는지도 모른다. 평생 행상을 하고 남의 집 살림을 살아주었지만 가난한 이유를 공부하라고. 독재가 왜 나쁜지 알아야 한다고. 학생들이 공부를 팽개치고 거리에서 싸우고 있는 이유를 생각해 보라고. 엄마는 어떤 세상에서 살고 싶으냐. 엄마가 살고 싶은 세상은 누가 만들어주는 것이 아니라 스스로 만들어야 한다고. 먹고 사는 것이 사람살이의 전부는 아니라고, 인간은 존엄한 존재라고, 광영이가 외치는 것 같았다.

그럼에도 이오순은 끝까지 화로 속의 불길을 바라보지 못했다.

3.
어둠이 내리고 있는 모란공원은 미로의 꽃밭이었다. 한겨울 공동묘지에 핀 꽃은 지지 않았다. 이오순은 환하게 피어있는 조화가 좋았다. 살아있는 꽃이 어떻게 이 한기를 견디겠는가. 조화는 눈이 내려앉아도 활짝 피어있다. 이오순은 광영의 묘를 향해 걸어가며 모두들 안녕하신지, 안부를 물었다. 안녕하냐는 말이 영혼에게 전하는 인사말로 옳은지 그른지 모른다. 광영을 묻은 뒤로 '산자'와 '죽은자'의 구분은 의미가 없었다.

이오순은 광영의 이름이 새겨진 비석을 맨손으로 쓸고 닦고 다독였다. 광영을 모란공원으로 이장한 것은 1990년 10월이었다. 모란공원에는 광영이 평소에 좋아했던 전태일 열사도 있고, 민주투사들이 안장되어 있었다. 광영이도 좋아할 것 같았다.

광영을 만나러 올 때마다 삶은 조금씩 나아지고 있다고 말해주고 있었다. 장손 동수가 태어났을 때 몹시 기뻤다. 손주들의 탄생은 마치 생명연장의 기회를 얻은 것처럼 새로웠다. 어둡고 캄캄한 밤에 혼자서 자식을 낳던 자신의 삶과는 다른 삶을 살아갈 후손들을 만나는 것은 축복이었다. 새 생명들을 생각하면 하루하루가 소중했다. 아직도 삶은 고단하지만, 세상은 점차 좋은 방향으로 흘러가고 있다고 말해주었다.

갑자기 섬뜩한 기운이 온몸을 감쌌다. 차가움이 뼛속으로 파고들었다. 몸이 아픈가? 손은 얼음을 쥔 듯 차가웠다. 이오순은 얼음장처럼 차가운 손을 웅크려 쥐며 광영에게 말을 걸었다.

"잘 지냈어? 별일 없지? 춥지야? 문익환 목사님은 만났니? 너 가고 우리 집에 찾아오셨던 분이야. 구부정한 모습으로 '광영이 어머니'만 부르던 분이시다. 그 어떤 위로의 말보다 좋았단다. 광영이 어머니! 그렇지. 나는 네 어미지. 네 어미로서 부끄럽지 않게 살려고 노력하고 있다. 너는 어떠냐? 거기서도 독재 타도 한다고 나대는 것은 아니지야?"

어둠이 깊어지고 있었다. 눈발은 더 거세게 흩날렸다. 한 사람을 떠나보내는 의례는 느리고 길게 이어졌다. 생과 사가 갈렸으니 착잡한 것이다. 이별이 그런 것 아닌가. 오늘의 이 의례는 여기에 함께 모여 있는 동지들과의 작별이다. 진정한 이별은 아직 시작되지 않았다. 이오순은 광영의 비석 위에 수북하게 내려앉은 눈을 쓸어내리며 중얼거렸다.

"나는 아직도 너를 보내지 못했다."

이별은 한순간에 끝나지 않는다. 땅에 묻었다고 잊히지 않는다. 살면서 두고두고 이별한다.

문익환 목사의 낮고 따뜻한 목소리가 들리는 것 같았다.

"광영이 어머니, 힘내세요."

이오순은 천천히 발걸음을 옮겼다.

"누가 누구에게 힘내라고 하시오? 목사님의 오지랖은 얼마나 넓기에 죽어서도 남 걱정이시오?"

이오순은 혼잣말로 중얼거렸다. 함께했던 순간들이 스쳐 지나갔다. 그가 쓴 시도 기억났다. 문익환 목사는 이오순이 입만 열면 되뇌던 이야기를 듣고 시를 한 편 썼다.*

---

* 송기역, 「유월의 아버지」, 후마니타스, 2015년

이상히여 눈만 감으면 광영이 뛰어다니는 게
여기도 저기도 보이니
저게 다 내 아들 광영이 아닌개비여!
뜨거운 불길이 여기저기 치솟는 것이 보이는구먼!
저 아우성이 모두 광영이 아닌개비여!

이 시는 작곡가 김제섭이 〈눈 감으면〉이라는 노래로 만들었다. 1989년 5월 8일 유가협 가족을 위한 '어버이 한마당 잔치'에서 박미선이 불러 유가족들의 가슴을 뜨겁게 했다.

밤이 깊었다. 헤어져야 할 시간이었다. 눈을 감으면 지나온 모든 것들이 생각났다. 광영의 비명 소리, 나가서 싸우라며 질책하던 쉰 목소리가 기억났다. 최루탄의 지독한 연기 속에서도 끌려가는 학생들을 놓치지 않으려고 몸부림치던 순간들이 생각났다.

"죽지 말라, 살아서 싸우라!"

유가협 회원들은 모두 이오순과 같은 마음이었다. 이소선이 그랬고, 박정기가 그랬으며, 배은심과 문익환 목사도 그랬다. 유가협 회원들은 불사신이었다. 죽어도 죽지 않는 사람들, 이오순은 그들과 함께 두 손을 모았다. 문익환 목사와 마지막 인사를 나눴다. 이오순은 마음속으로 혼자만의 작별인사를 했다.

'목사님!

우리 광영이, 경대, 승희, 한열이, 종철이, 철규, 장호…. 모두 목사님 곁으로 불러서 다독여주세요. 눈바람이 더 거칠어집니다. 하늘도

슬퍼하는 것이지요. 저는 이제 눈물을 거두겠습니다. 오늘의 이별은 짧을 것입니다. 곧 뵙지요.'

이오순의 조사는 마치 자신의 앞날을 예견한 것 같았다. 문익환 목사를 모란공원에 안장한 이후 꼭 1주일 뒤인 1994년 1월 26일 이오순도 세상을 떠났다. 1월 28일 모란공원에 안장되었다. 그리운 막내아들 광영이 곁이었다.

4.
이오순의 장례는 민주시민장으로 치렀다. 추모의 물결이 끝없이 이어졌다. 장례위원 중 누군가의 추모사가 모두의 마음을 울렸다.

"죽은 듯 죽지 않는 다알리아 꽃처럼 붉게 살다 가신 투사의 영원한 어머니시여!
역사는 그대의 붉은 사랑을 영원히 간직할 것입니다."**

이오순은 송광영 8주기 추모식에서 「우리 집 화단의 다알리아 꽃」을 써 낭독했다. 그때부터 붉은 다알리아 꽃은 이오순을 상징하게 되었다.

---
** 이오순 어머니 민주시민장 자료집, 1994. 1. 28.

이오순은 죽는 순간까지 광영이 이루려고 했던 세상을 만들기 위해 노력했다. 투쟁의 현장에 서 있는 수많은 '광영이'들에게 서릿발 같은 목소리로 외쳤다.

"살아서 싸우라!"

"민주화된 조국에서 아름다운 삶을 살라!"

그래서 이루었는가? 이오순과 송광영은 지금 편안한가? 그곳은 민주화된 세상인가?

1부

식민지에서 여성으로

## '여자'로 태어나다

　이오순은 1927년 5월 18일(음력) 전라남도 광주군(현 광주광역시) 우치면 효령리 154번지에서 태어났다. 팔 남매 중 넷째였다. 호적에는 1929년(쇼와 4년) 7월 18일생으로 올라있다. 일제강점기에는 양력달력을 발행했고 일본연호를 사용했다. 쇼와 원년은 1926년이므로 쇼와 4년은 서기로는 1929년이다. 태어난 해보다 2년 늦게 호적에 올린 것이다. 신생아를 호적에 늦게 올리는 것은 당시에는 흔한 일이었다.

　효령리는 강바닥이 깊고 물길이 좋아 기름지다는 뜻의 고래실골로 불렸다. 고래실골에는 학동, 신촌, 정재동, 종방, 우곡, 방죽 마을이 있었다. 학동 남쪽에는 황새봉을 향해 황새 형국으로 깊게 팬 골짜기가 있고, 학동 동북쪽은 쑥대봉, 동남쪽은 감남골이다. 감나무가 많아 감남골이다. 옛날에는 영산강 물이 마을까지 들어왔으며 수송선도 드나들었다.

　1910년 일제강점기가 시작되면서 광주 중심가에 있던 전통적인 가옥들은 대부분 철거되었다. 그 자리에 여러 건축 양식이 혼합된 건물들이 들어섰고 공공건물로 쓰였다.

　광주역사민속박물관이 펴낸 책 『光州』에는 수십 년에 걸쳐 변화하는 광주의 모습이 실려 있다. 초가집과 목조건물들이 가느다란 물줄기 같은 도로를 중심으로 양쪽으로 나뉘어 마을을 이루고 마을을 빙 둘러 너른 벌판이 펼쳐져 있다. 농부들이 지게로 거름을 져 나르고 쟁기로 논을 갈아엎고 있다. 광주 천변이나 광장 주변에서는 장이 섰다. 남자들은 커다란 나뭇짐 지게를 나무전 거리에 줄지어 세워두었다. 흰 한복을 입은 사람들이 묶여있는 나뭇단을 지목하면 나무꾼은 그의 집까지 지게로 가져다주었다. 광주천 빨래터에는 여자들이 늘어앉아 빨래하는 모습이 흑백영화처럼 펼쳐진다.

광주 읍성을 중심으로 광주 도심의 변화를 기록한 사진들은 전형적인 농촌 풍경을 보여준다. 1945년 해방을 거쳐 1960년대, 1970년대 산업화 과정을 거치는 동안 전통적인 가옥들, 마을 풍속들이 점차 사라졌다. 이오순의 고향 효령리는 읍성밖에 있었다. 초가집이 봉긋봉긋 솟은 전형적인 농촌마을로 가난했고 한적했다.

일제강점기 우리나라는 엄청난 변화를 겪었다. 나라를 빼앗긴 국민은 노동력과 물자를 착취당했다. 일제는 남성 가부장 중심의 가족제도를 강화했다. 가(家)를 철저한 부계혈통 중심으로 서열화했다. 남성 가부장인 호주는 가족에 관한 무제한의 권한을 가졌다. 가족의 혼인, 입양, 입적, 제적과 같은 신분행위의 법적 동의권, 허가권, 재판권을 가졌다. 여성의 삶과 운명을 남자들이 좌우했다. 여성이 할 수 있는 것은 '조건 없는 복종'이었다. '호주제'는 가부장에게 여성의 생살여탈권을 주고 남성에게 종속시키는 제도였다. 일제는 가부장제도를 이용해서 조선을 통제하고 탄압했다.

『전남여성 100년』에 1896년 4월 21일 자 독립신문 사설이 실려 있다. 조선 여성의 참담한 지위를 한탄하는 사설이다. 여성을 사람대접하지 않는 조선 인민을 질타하는 글인데 여성을 '여편네'로 얕잡아 지칭하고 있지만 글의 내용은 여성 인권을 옹호하고 있다.

"세상에 불쌍한 인생은 조선 여편네니, 우리가 오늘날 이 불쌍한 여편네들을 위하여 조선 인민에게 말하노라. 사람이 야만과 다른 것은 정의와 예법과 의리를 알아 행신을 하는 것이어늘, 조선 사나이가 여편네 대접하는 것을 보면 정도 없고 의도 없고 예도 없고 참 사랑하는 마음도 없이 대접하거늘, 사나이보다 천한 사람으로 여기고 무리하게 압제하는 풍속과 억지와 위엄으로 행하는 일이 많이 있으니 그 여편네들을 애하여 어찌 불쌍하고 분한 마음이 없으리오?"

이오순이 태어난 1927년은 일본 제국주의의 통제와 착취가 극심한 암흑기였다. 그때 여성은 사람이 아니었다. 어머니도 아내도 딸도 마소처럼 부렸다. 하지만, 시대의 흐름을 거스를 수는 없었다. 개화의 바람을 타고 여성도 사람이라는 인식이 싹트기 시작한 것이다.

암흑기에 태어난 이오순의 출생은 축복받을 상황이 아니었다. 때마침 보릿고개였다. 굶기를 밥 먹듯 했다. 새 생명의 신비, 환희의 기쁨은 기대할 수 없었다. 대를 이을 장손이 없는 집안의 넷째딸이었다. 그 무렵의 산야는 무지개처럼 검녹색부터 흰초록으로 화려하게 물들 때였다. 하지만 암흑기의 5월은 녹색 무지개가 아니라 한겨울의 헐벗은 산야처럼 휑했다. 너나없이 풀뿌리를 캤고 나무껍질을 벗기고 땔나무를 주우러 다녔다. 갓 태어난 신생아는 배가 고파 하루 종일 울었다. 울다 지쳐서 잠들었다. 배가 고프기는 산모도 마찬가지였다. 나물죽 한 그릇으로 하루를 견뎌야 했다. 제대로 먹지 못하니 젖이 나오지 않았다. 빈 젖을 문 신생아는 깜빡 잠에 떨어졌다 깨서 새삼 울기 시작했다.

이오순은 나라를 빼앗긴 척박한 땅에서 '사람이 아닌 여자'로 태어났다. 고통의 시작이었다.

## 가난했지만 담대하게

　이오순의 고향 마을 효령동은 지금의 광주광역시 영락공원길 초입에 있다. 영락공원으로 올라가는 길 중간에 위치한 학동저수지에서 흐르는 계곡 물이 학동들판을 적시고 학동마을 앞을 지나 담양 쪽으로 흘러갔다. 학동마을에서 바라보면 영락공원으로 올라가는 길 따라 깊은 계곡이 이어졌다. 집 뒤로는 대숲이 울창하다. 1960년에 초가집을 헐고 새로 집을 지을 때 터를 높게 다져 지었다. 덕분에 학동들과 영락공원길이 훤히 보였다.

　아버지 이상겸과 어머니 김미금은 1918년에 혼인하였다. 1899년에 태어난 동갑내기였다. 어머니는 1919년 첫딸 이순임을 출산한 이후 18년 동안 아홉 명의 자녀를 출산했다. 사망한 아이가 있어 호적에는 여덟 명의 자녀만 올라있다.

　이오순의 집은 넉넉한 형편이 아니었다. 그 시절 내 땅에서 내 농사를 짓는 농부는 거의 없었다. 이오순의 아버지는 소작농이었고 가을에 소작료를 주고 나면 겨우 굶지 않을 정도였다. 농사는 평작일 때도 있고 흉작일 때도 있었지만 소작료는 변동이 없었다. 농가의 빈곤은 천형이었다. 평년에도 가난했지만 흉년에는 비참했다. 가혹한 농촌의 삶은 날마다 극한의 보릿고개였다.

　아버지는 농한기에는 새우젓 장사를 했다. 지게에 새우젓 항아리를 지고 가가호호 다니면서 팔았다. 새우젓 한 종지기와 보리쌀 한 보시기를 맞바꿔 가족들 생계를 이었다.

어머니는 낮에는 밭에서 일하고 밤이면 베를 짰다. 할머니와 어머니가 명주실로 짠 비단은 꽤 질이 좋았다. 비단은 아버지가 새우젓을 팔면서 주문을 받아오기도 했고 장에 내다 팔기도 했다. 할머니가 짠 모시와 삼베는 품질이 좋아 소문이 자자했다. 혼례를 하게 된 사람들이 집으로 찾아와 주문했다. 신랑 신부가 입을 옷은 모시로, 이불은 삼베로 만들었다. 워낙 가난하던 시절이라 격식을 갖춰 입고 혼인하는 경우가 많지는 않았다.

이오순도 열 살쯤 되어 큰언니 이순임과 함께 비단을 팔러 다녔다. 큰언니는 말동무 삼아 동생을 데리고 다녔다. 비단을 팔아 곡식을 사서 이고 올 때도 의지가 되었다. 비단을 팔다 시간이 늦어져 한밤중에 돌아올 때는 더 큰 힘이 되었다. 학동마을로 돌아오는 길은 장정들도 무서워하는 산길이었다. '귀신이 나온다'는 소문이 자자했다. 호랑이를 만난 사람도 있다고 했다. 소문 때문에 사람들은 밤중에 산을 넘어오는 것을 두려워했다. 이오순 집안의 여자들은 장정들도 무서워서 피하는 산길을 한밤중에 넘어오곤 했다. 대범한 성격은 이 집안 여자들의 특성이었다. 이오순의 조카 이만신(이용남의 아들)이 어렸을 때 들었던 이야기를 들려주었다.

"할아버지(이상겸)는 내가 기어 다닐 때 이 집 툇마루에서 돌아가셨다고 해요. 굉장히 온화한 성품이셨다고 합니다. 할머니(김미금)는 성격이 좀 남자다웠다고 해요. 저 앞에 보이는 영락공원 능선을 넘어서 광주장까지 11㎞, 12㎞ 정도 되는데, 남자들도 무서워서 밤에는 넘어올 생각을 못 했대요. 귀신 나온다고. 그때는 호랑이가 산다고 할 때였어요. 그때도 공동묘지였대요. 그런데 증조할머니(이오순의 할머니)는 비단 팔러 광주장에 갔다가 한밤중에 저 산을 넘어서 돌아오시곤 했대요. 배짱이 대단하신 분이었던가 봐요."

어머니는 시어머니의 대범한 성품을 보고 배웠다. 이오순과 형제자매들은 어머니를 보고 배웠다. 이오순이 다부지고 담대한 사람으로 성장할 수 있었던 것은 집안 내력이었다.

어머니는 1~2년 터울로 출산을 계속했다. 물려줄 것이라고는 가난밖에 없는 농가에서도 대를 이어야 한다는 가부장적 인식이 강할 때였다. 넷째 딸 이오순이 태어날 때까지 장남을 낳지 못했다. 다섯째로 장남 이용남이 태어나자 집안의 모든 규칙은 장남을 중심으로 돌아가기 시작했다.

어머니는 많은 식구를 배불리 먹이지 못하는 것이 큰 고역이었다. 밀가루에 쑥이나 질경이를 섞어 떡을 쪄서 한 끼를 해결하고 돌아서면 또 끼니 걱정을 해야 했다. 저녁으로 나물밥을 먹으면 밤새 배가 고파 잠을 쉬 이루지 못했다. 쌀밥은 특별한 날에나 먹을 수 있었다. 나물밥이든 쌀밥이든 하루 세끼를 다 챙겨 먹을 수는 없었다.

올망졸망한 아이들이 많으니 빨래도 만만치 않았다. 날마다 갈아 입고 빨래를 할 옷이 있는 것은 아니었다. 광산김씨 집안 후손으로 보고 배운 것이 있는 어머니는 자식들을 깨끗하게 입히고 청결하게 키우려고 노력했다. 이오순도 어머니의 영향을 받아 굶기를 밥 먹듯이 하면서도 항상 깨끗한 입성을 강조했다.

아이들이라고 편안하게 앉아서 밥상을 받은 것은 아니었다. 가난한 농가의 아이들은 걸음마를 떼기 시작하면서부터 논두렁 밭두렁으로 나갔다. 나물을 뜯는 것은 생존이었다. 메뚜기를 잡아서 구워 먹기도 하고 밀과 보리 이삭을 서리하기도 했다. 산으로 들로 돌아다니면서 땔나무를 구해오고 집안일도 도왔다.

이오순도 예외가 아니었다. 뽕잎을 따다가 물기를 깨끗이 닦아서 하루 네 번 누에를 먹였다. 물기가 조금이라도 섞인 뽕잎을 누에에게 줬다가는 엄마에게 혼이 났다. 물기가 있는 뽕잎을 먹으면 누에가 죽기 때문이다. 새벽이슬을 맞으며 토끼풀을 뜯어다 토끼장과 닭장에 넣었다. 토끼는 자잘한 가시가 많은 환삼덩굴을 잘 먹었다. 가시에 긁혀 손등과 팔뚝이 벌겋게 부어올랐다. 풀을 뜯어다 가축들을 먼저 먹이고 밥상에 앉았다. 사람도 짐승도 먹는 것이 가장 큰 일이었다.

농사일과 가사노동에서 자유로운 유일한 사람은 장남 이용남뿐이었다. 남동생은 너른 학동들판을 뛰어다니며 친구들과 어울렸다. 메뚜기, 개구리, 뱀을 잡아 친구들과 구워 먹었다. 가난한 시골 마을에서 소년들의 놀이는 간식거리를 찾는 일이기도 했다. 동네 뒷산에서 칡을 캐거나 어쩌다 꿩이라도 한 마리 잡으면 의기양양하게 들고 왔다. 어머니에게 노획물을 자랑스럽게 내밀고 '장하다'고 칭찬받으면 우쭐해서는 또 들판으로 뛰어나갔다.

동생에게는 또 하나의 특혜가 있었다. 이오순의 8남매 중 유일하게 학교에 다녔다. 일제강점기 민족교육은 서당, 학당 등 민족학교에서 담당했다. 일제침략의 부당성을 강조하고 나라를 구해야한다는 사명감을 고취시키는 교육이었다. 여성교육에 대한 사회적 요구도 커졌다. '여성인권증진'에 대한 요구는 아니었다. 국가의 비상상황에서 '애국적인 자녀를 길러낼 수 있는 현모양처'를 양성하기 위한 목적이 더 컸다.

일제의 여성 교육은 민족사립학교보다 더 노골적인 목표를 갖고 있었는데 그것은 식민체제에 순응하고 가부장적 사회체제에 기여할 수 있는 여성을 기르는 것이었다. 일제의 식민체제는 가부장제의 무소불위 권력을 이 땅에 뿌리내리는 데 막대한 영향을 끼쳤다. 일조한 것은 식자층이었다.

이오순은 교육의 목적이 무엇이었든 배우고 싶었다. 집안의 대를 이을 남동생이 학교에 가는 것은 당연하게 생각했다. 하지만 이오순도 학교에 가고 싶었다. 남동생의 구술은 이오순이 배우고 싶어 했던 열망을 생생하게 전해준다.

"우리는 그때 학교에 다닐 때 짚세기를 신었어. 짚으로 삼은 신 아나? 할아버지, 아버지가 날마다 짚세기를 줘. 십리나 되는 학교를 걸어가야 하니까. 어느 날 학교에서 운동화를 한 켤

레씩 나눠줬어. 운동화가 처음 세상에 나올 때였나 봐. 학교에서 배급이 나왔어. 그놈을 신고 학교에 가려고 하는데, 오순 누님이 뺏는 거야. 달라고. 나는 안 줄라고 하고, 누님은 달라고 하고. 그래서 다퉜어. 누님이 그래. '너는 학교도 다니고 운동화도 신냐'고. '운동화는 내놓으라'고. 그때가 내가 4학년 때였어."

이오순의 어머니(왼쪽 원 안) 회갑잔치 기념사진(1960년경)
고개를 돌려 주변을 살피는 이오순(오른쪽 원 안)

1942년. 이용남의 나이 열한 살, 이오순 나이 열여섯 살 때 이야기다. 다섯 살 어린 남동생을 엄마처럼 돌봐주던 이오순이었다. 먹을 것이 생기면 동생 입에 먼저 넣어주었다. 그런데 새 운동화를 보고는 뺏으려고 들었다. 욕심이 났을까? 시샘이었을까? 자신은 학교에도 가지 못하는데 동생은 새 운동화까지 신고 학교에 가는 것이 미웠을까? 부러웠을 것이다. 새 운동화 신고 학교에 가는 남동생에게 괜히 심통을 부린 것이다. 남동생의 운동화를 빼앗았어도 작아서 이오순의 발에는 맞지 않았을 터였다.

학교도 다니지 못하고 신문물의 혜택도 받지 못한 이오순의 선택은 야학이었다. 밤이면 언니들과 함께 길 건너 교회 야학에 다녔다. 교회 이름도 몰랐다. 배우고 싶은 욕심에 그냥 따라갔다. 자주 가지는 못했다. 밤마다 물레질을 해야 했기 때문이다.

## 열일곱에 열여섯 연상과 결혼하다

가난한 농촌의 시간은 바쁘게 흘러갔다. 사람이 나고 죽고 새 생명이 태어나는 동안에도 가난한 살림살이에는 변화가 없었다. 방방곡곡 일본군의 감시와 규제가 닿지 않은 곳이 없었다. 조선 민중은 생존할 수 있는 최소한의 것만을 남기고 모두 빼앗겼다. 몸도 노동력도 내 것이 아닌 시대. 그것이 식민지 민중들의 처지였다.

어린아이들도 다르지 않았다. 학교 교육은 식민지 지배체제에 순응하는 동화주의를 강요했다. 교육의 목표는 '조선인의 일본인화'였다. 일본어를 가르쳐 일상생활에 정착시키고 전통적으로 이어져 오던 관례와 문화를 혐오하고 파괴했다. 일본은 처음부터 조선인에게 고등교육을 할 생각이 없었다. 보통교육의 정착과 확산을 통해 식민지 국민의 처지와 위치를 정해주고자 했다. 식민지배 체제에 순응하고 잘 이행할 수 있는 '노예양성'이 조선인 교육의 목표였다.

이오순은 학교에 다니는 남동생이 부럽기만 했다. 남동생이 학교에서 돌아오면 손잡고 논두렁 밭두렁을 뛰어다니며 메뚜기를 잡았다. 농약이 없을 때였다. 집집마다 마당 가에 산만한 두엄더미가 있었다. 어른, 아이 모두 풀을 베다 쌓았다. 돼지밥이 아닌 음식물은 모두 두엄더미에 던졌다. 오줌도 두엄더미에 부었다. 그렇게 삭혀서 거름으로 썼다. 메뚜기가 많았다. 메뚜기는 나락 잎을 갉아먹고 살았다. 잎이 없으면 나락이 제대로 익지 못했다. 그러면 수확량이 줄어들었다. 부모들이 아이들을 논두렁으로 몰아대는 이유는 메뚜기 퇴치였다. 쌀 한 톨이라도 더 거두기 위한 고육지책이었다. 아이들은 풀을 베서 두엄을 만들고 메뚜기처럼 뛰어다니며 메뚜기를 잡았다. 메뚜기처럼 뛰어다니며 새 떼도 쫓았다. 논두렁 밭두렁을 재미로 뛰어다니는 것이 아니었다. 밥값 하는 중이었다.

이오순과 자매들은 논두렁 밭두렁에 쭈그려 앉아 나물을 캤다. 보릿고개 때는 산야에 쑥이나 냉이, 질경이가 남아나질 않았다. 가끔 보리밭에서 보리 순을 캐서 죽도 끓이고, 국도 끓이고, 떡도 해 먹었다. 어머니는 나물 중에서도 쑥을 제일로 여겼다. 어떻게 해 먹어도 탈이 나지 않는 나물이 쑥이었다. 국을 끓이고, 쑥 범벅을 하고, 쑥떡을 했다.

"봄 쑥은 약이다. 배고프다고 아무 풀이나 뜯어 먹으면 탈 난다."

이오순은 어머니의 가르침을 기억했다가 명절에는 꼭 쑥떡을 빚었다. 방앗간에서는 흰떡을 다 해주고 나서야 쑥떡을 해주었다. 흰떡에 쑥물이 들면 안 되기 때문이었다. 그래서 자정이 넘어 떡을 해서 오곤 했다.

"봄 쑥은 약이다."

이오순도 며느리들에게 어머니의 가르침을 전해주었다.

이오순은 부지런했다. 낮에는 산야에서 나물 캐서 어머니를 도왔다. 풀죽으로 허기를 때우고 나면 풀 베서 두엄더미에 보태고 미영(목화 열매)을 땄다. 밤이면 할머니, 어머니와 함께 길쌈을 했다. 무명씨를 골라내고 물레를 돌려 실을 만들고 실에 풀을 먹이고 그 실로 베를 짜고 천을 만들어 다듬이질해서 질 좋은 무명천을 만들었다. 평생 길쌈을 해온 할머니와 어머니의 손가락은 갈고리처럼 구부러졌다. 베틀에 앉아서 꾸벅꾸벅 졸았지만 절대 베틀에서 굴러떨어지지는 않았다. 베 짜기 선수들이었다. 농부의 아내이자 8남매의 어머니인 김미금은 새벽부터 늦은 밤까지 잠시도 쉴 틈이 없었다. 가난한 농부의 아내는 일 구덩이 속에서 살았다. 남동생이 집안의 여자들이 길쌈하던 풍경을 들려주었다.

"나 어렸을 때는 할머니가 밤늦도록 명(미영)을 잣는 거라. 명 잣는 소리, 소음 때문에 잠을 못 자. 물레 소리가, 물레 젓는 소리가 삐거억 삐거억. 자야 쓰것는디 물레 소리가 끊이지 않아. 그 미영으로 솜을 타서 실을 뽑아. 솜을 넣고 물레를 저스든 실이 이렇게 길게 뻗어 나와. 한도 끝도 없이 나와. 그래가꼬 그 실로 베를 짜는 거야. 밤새 베를 짰어."

이오순의 언니들은 동네 처녀들과 길 건너 교회 야학에 갔다가 저녁 늦게 돌아왔다. 이오순은 야학에 가지 못했다. 손끝 여문 그녀를 어머니가 자주 불러 앉혔기 때문이다. 어머니는 이때 어린 오순을 손끝이 여물다는 이유로 집안일을 더 많이 시킨 것이 미안했던 것일까. 훗날 이오순이 결혼하여 어렵게 어렵게 살림을 꾸려나갈 때 많이 도와주었다.

이오순이 평생 엄마처럼 여긴 큰언니 이순임과 함께(오른쪽부터 이오순, 이순임)

　일제 식민지배의 시간이 길어질수록 식민 당국의 억압과 횡포는 가혹해졌다. 1930년대는 신사참배 강요로 전국이 들끓었고 거부할 경우 학교 문을 닫아버리겠다는 엄포도 서슴지 않았다. 기독교 학교는 신사참배를 강요하면 스스로 학교 문을 닫겠다고 맞섰다. 신사참배로 갈등이 점점 격화되자 광주의 수피아여학교와 숭일학교가 1937년 3월에 학교 문을 닫았다. 일제는 그해 8월에 '폐교'를 선언했다. 스스로 학교 문을 닫는 것을 용납하지 않겠다는 뜻이었다.
　일제는 내선일체와 황국신민화라는 이데올로기로 농촌진흥운동과 국민총동원령을 내려 노동력 수탈에 혈안이 되어있었다. 여성들도 예외가 아니어서 조선여자근로정신대와 일본군위안부로 강제 동원되었다. 1941년 태평양전쟁을 일으킨 일제는 여자정신대를 조직했다. 전쟁 전 여자정신대는 초등학교 졸업 이상의 학력자로 일제 군수공장에서 일하는 우리나라 여자 종업원을 일컫는 말이었다. 전쟁이 일어나자 소문이 흉흉했다. 딸을 둔 농가에서는 혼처만 있으면 시집을 보내야 했다. 그것이 딸을 일본군위안부로 빼앗기지 않는 방법이었다. 이오순의 언니들은 이미 혼인하여 집을 떠났다. 이오순도 혼인해야 했다. 열두 살이었던 남동생이 누나의 혼인 과정을 또렷하게 기억하고 있었다.

"그때, 목산 양반이었든가, 그 안사람이 중매했어. 신촌마을 총각하고 학동마을 처녀를 많이 중매한 거여. 누님도 신촌마을 총각하고 혼인했제. 저쪽에다는 처녀 있으니까 얻어라, 한 거고, 이쪽에다도 총각 있으니까 보내라, 한 거여. 결혼식도 몇도 없이 시집가서 살았어. 그때는 다 그랬어."

이오순은 1943년, 나이 열일곱 살 때 전남 광주군 석곡면 청풍동 신촌리의 송판금(33세)과 혼인했다. 시집가기 전날까지 길쌈을 했지만 비단 혼례복 한 벌 해 입지 못했다. 꽃가마도 없었다. 입던 옷 그대로 걸어서 신촌마을로 갔다. 해방 2년 전이었다.

2부

# 생존의 봉화가
# 오르지 않는 집

## '남자어른' 남편과 벗어날 수 없는 가난

    이오순의 남편 송판금은 은진송가(家)의 23대손이다. 시아버지 송두섭과 시어머니 이장성은 8남매를 두었고 송판금이 장자였다. 송판금은 1911년에 태어났다. 이오순과는 열여섯 살 차이였다.
    이오순의 시가는 양반가(家)였지만 일제강점기의 여느 농가와 마찬가지로 가난했다. 은진(恩津)은 충청남도 논산에 속한 지명이다. 은진송가의 조상 중 조선시대 성리학자 우암 송시열이 있다. 우암이 정치적 어려움을 당할 무렵 그 자손의 일부가 은진을 떠나 장성군 진원면으로 내려와 은거생활을 하였고, 이후 일부 후손들이 청풍동 신촌리, 등촌리로 이주하여 정착하게 되었다.
    청풍동 신촌마을은 조선 정조 때 충효리에서 유래된 충효동이 여러 번의 변화를 겪다가 1957년 광주시에 편입되면서 리가 동으로 바뀌었다. 1998년 9월 21일 행정동인 충효동(충효동, 덕의동, 금곡동), 청옥동(화암동, 청풍동, 망월동), 장운동(장등동, 운정동) 세 동을 통폐합하여 현 석곡동*이 되었다. 청풍동은 무등산 자락 북쪽에 위치해 있다. 순수 자연마을로 이루어져 있으며, 숲이 무성하고 농토가 많다. 전통적인 농가의 풍경이 그대로 남아 있는 마을이다.

---

\* 공식적인 행정동 명칭은 석곡동이지만, 이 글에서는 석곡동의 옛 지명 청풍동을 사용하고자 한다. 지역 주민들은 청풍동이라는 지명을 일상적으로 사용하고 있다.

청풍동 신촌마을 앞으로 흐르는 석곡천은 무등산 향로봉에서 발원하여 신촌과 등촌들판을 적시고 광주 북부지역의 농경 지대를 두루 돌아 중앙천으로 합류한다. 광주시는 1967년에 석곡천을 막아 제4수원지를 조성했는데 그때 화암마을이 수몰되었다. 제4수원지는 현대사의 비극이 새겨진 곳이다. 1989년 조선대학교 교지 『민주조선』의 편집장이었던 이철규의 시신이 제4수원지에서 떠올랐다. 그의 시신은 고문의 흔적이 역력했다. 새카맣게 탄 피부와 튀어나온 눈…. 참혹했다. 지금까지 이철규의 사인은 밝혀지지 않았고 의문사로 남아 있다. 훗날의 이야기이지만, 이오순과 유가협 회원들은 이철규 사인 규명을 요구하는 집회에 참석하여 함께 투쟁했다.

이오순이 청풍동 신촌마을에 온 것은 해방 직전이었다. 마을 앞으로 흐르는 석곡천을 중심으로 논밭이 펼쳐져 있고, 초가집들이 옹기종기 모여 있었다. 마당과 들판의 경계도 없었다. 문을 열고 나서면 밭으로 이어지고 논으로 이어졌다. 농부는 이른 새벽에 집을 나서 논물을 보고 곡식이 잘 자라는지 들여다봤다. 밤사이 산짐승이 밭을 헤집어놓은 것은 아닌지 살폈다. 가축들에게 먹일 풀을 한 짐 뜯어 지게에 지고 돌아오는 길에는 마을에 별일 없는지 둘러봤다. 일부러 관심을 기울이지 않아도 다 들리고 보였다. 풀죽으로 아침을 때우고 농기구를 챙겨서 다시 들판으로 나갔다.

농기구라고 해봐야 지게와 낫, 곡괭이, 호미, 쟁기가 전부였다. 소는 농사에 없어서는 안 될 만큼 중요했지만 어느 농가에서나 키우지는 못했다. 소가 있어야 쟁기질을 할 수 있었다. 쟁기로 논밭을 갈아

엎어 주면 물을 대고 씨를 뿌렸다. 곡식이 익으면 수확의 모든 작업을 사람과 소가 함께했다. 수작업 농기구인 도리깨나 홀태, 매치기로 알곡을 털어 가마니에 담아 지게에 지고 옮기거나 마차에 실어 방앗간으로 옮겼다.

새벽부터 들판에서 일하는 농부들에게 새참은 하루의 희망이었다. 끼니를 제대로 챙겨 먹지 못하던 시절이었다. 새참이 와야 허리를 펴고 쉴 수도 있었다. 새참은 농가의 아낙네들 몫이었다. 아이를 업고 새참 함지박을 이고 논두렁을 걸어가는 아낙네의 모습은 익숙한 풍경이었다. 아침이슬을 맞으며 일을 시작한 농부들은 마침내 허리를 펴고 논두렁으로 모여들었다. 함지박 둘레에 앉아 고구마, 감자, 옥수수, 보리 개떡에 김치를 안주 삼아 탁배기를 들이킬 때의 기쁨은 농부가 아니면 알 수 없는 즐거움이었다. 그때 바라본 들판은 풍요롭게 보였다. 모두 내 것인 양 넉넉한 마음이 되었다. 탁배기 한 잔의 취기가 준 일장춘몽에 불과했지만 세상을 다 가진 듯 호기로워지는 순간도 바로 그때였다. 그것이 내 땅이든 아니든 사람 노릇을 하고 있다는 믿음으로 뿌듯해지는 순간이었다.

이오순의 시가 신촌마을은 본가인 학동마을과 크게 다르지 않았다. 석곡천 바로 옆에 담도 없는 작은 초가집에서 시부모님과 남편 그리고 시동생들이 함께 살고 있었다. 마을 뒤로는 작은 숲이 있고 멀리 덕봉산이 무등산 자락에 잇대어 있었다. 석곡천과 덕봉산 사이에 신촌과 등촌 사람들의 삶의 터전인 등촌들판이 펼쳐져 있었다.

땅 한 뙈기 없이 가난한 시가의 모습은 궁기가 줄줄 흘렀다. 해 질

녘이면 농가마다 굴뚝에서 연기가 피어오른다. 굴뚝 연기는 그 집 사람들의 생존을 알리는 봉화였다. 이오순의 시가 굴뚝에서는 연기가 나지 않았다. 먹을 것도 땔감도 없었기 때문이다. 땅 한 뙈기 없기는 이오순의 본가도 마찬가지였다. 하지만 배를 곯지는 않았다. 늘 허기졌지만, 끼니때가 되면 죽이든 국이든 끓여서 온 가족이 함께 모여앉아 밥을 먹었다. 온 가족이 새벽부터 밤늦게까지 부지런히 일했다. 어린 동생들도 모두 제 할 일이 있었다.

이오순의 시가는 새벽이 되어도 일하는 사람이 없었다. 삼시 세끼 쌀밥을 먹는 부자로 생각한 것은 아니었다. 그럴 리가 없다는 것은 알고 있었다. 일제는 벼 이삭을 일일이 세서 공출을 걷어갔다. 조와 수수도 마찬가지였다. 지주가 아닌 한 농가에서 쌀밥을 먹는다는 것은 상상할 수 없었다. 그래서 농부의 가족들은 부지런했다. 집에 있어도 손을 놀리지 않았다. 눈을 떠서 잠들 때까지 투쟁하듯 생존해 온 이오순에게 시가의 한가함은 이해할 수 없었다. 조금씩 나아질 것이라는 희망은커녕 날마다 굶을 판이었다. 이오순은 시집에 온 지 얼마 되지 않아 본가로 달아나버렸다.

"이 새댁이, 갓 시집을 온 새댁이, 시가가 은진송씨, 양반집이잖아. 아무것도 없지만 양반이잖아. 이오순 어머니도 전주이씨, 양반이잖아. 옛날에는 양쪽이 다 양반이어야 혼사가 이루어져. 그냥 던지듯이 데려다줬지마는 양반이잖아. 대단한 은진송씨. 그런데 대단하면 뭐해. 먹을 것도 없이 다 굶고 앉았는데. 그러니까 안 산다고 가버렸어. 학동마을 본가로."

-송막동(남편 송판금의 10촌)의 며느리 김효지

신촌마을은 70여 호가 옹기종기 모여 사는 마을이었다. 은진송씨는 세 가구가 살고 있었는데 골목 안쪽에 이오순 남편 송판금의 10촌 인척 송막동이 살고 있었다. 송판금의 집은 석곡천변에 곧 쓰러질 것 같은 2칸 초가집이었던 반면에 골목 안쪽으로는 제법 규모를 갖춘 집들이 있었다. 송막동의 아내 원산댁은 동네 사람들에게 인심을 얻고 있었다. 송막동 역시 마을에서 중심 역할을 했다. 이웃들에게 인심을 얻었다는 것은 춘궁기나 어려운 일이 있을 때 마을 사람들을 외면하지 않았다는 말이다.

이오순이 본가로 가버리자 시아버지와 시어머니가 송막동을 찾아가 의논했다. 의논 끝에 송막동이 학동마을 이오순의 본가로 찾아가 데려오기로 했다. 시아버지가 직접 가지 않은 것은 사돈집에 입고 갈 변변한 두루마기 한 벌이 없었기 때문이었다. 이 과정도 송막동의 며느리 김효지가 상세하게 전해주었다. 김효지는 신촌마을에서 오래 살았고 60년대 중반에 서울로 상경해서 이오순과 함께 행상을 했다.

"우리 아버님은 그때, 동네 사람들이 믿고 의지하던 분이셨어. 그래서 학동마을에 가서 이오순을 데려오기로 한 거야. 학동에 가서 집에 가자고 하는데, 이오순은 '싫다' 하고, 그쪽 부모님들도 틀었대. 누구라도 그러지 않았겠어요? 시가에서 온 것이 아니라 한동네 사는 먼 친척이 데리러 온 것도 그렇고, 돌아간다 해도 끼니도 제대로 때우지 못할 것이 뻔한 상황을 아니까 그랬겠지. 그런데 우리 아버님이 그래서는 안 된다고, 나 믿고 가자고, 그렇게 설득해서 데리고 왔대. 그렇게 우리 아버님이 데리고 왔대요."

열일곱 살 이오순이 보기에 서른세 살의 남편은 '남자어른'이었다. 대가족이 한집에 사는 것에는 거부감이 없었다. 이오순의 본가에서도 조부모와 부모, 형제자매가 모두 같이 모여 살았다. 이오순이 혼인한 1943년은 2차 세계대전이 4년째로 접어든 때였다. 전쟁 막바지였고 패망을 앞둔 일제가 그악스럽게 수탈할 때였다. 부잣집의 혼사라도 꽃가마 타고 시집가는 것은 꿈도 꾸지 못할 때였다. 하지만 시가의 모든 것이 낯설고 두렵게 느껴졌던 것은 남편 때문이었다. 남편은 대가족이 쫄쫄 굶는 것보다 더 두려운 존재였다. 아무리 격식 없이 치러진 혼인이라 하더라도 오로지 남편만 바라보고 살아야 하는 것이 조선 여성들의 혼인 생활이었다. 가부장으로서 시아버지와 남편은 가족에 대한 무한한 책임이 있었다.

이오순은 서른세 살의 남편이 믿음직해 보이지 않았다. 이오순이 보아온 농부들과 달리 피부는 하얗고, 몸을 제대로 가누지 못할 정도로 뚱뚱했다. 남편을 믿고 의지해도 될까, 의심스러웠다. 낯설고 어색하기만 했다. 갓 시집온 새댁의 눈에 비친 남편은 그냥 어른이었다. 김효지도 이오순의 남편이 '살림에 별로 관심이 없는 사람'이었고, '노름방에서 사는 사람'으로 기억했다. 이오순은 어렸지만 야물지 못한 남편에게 첫눈에 실망했다. 본가로 갔던 이오순이 다시 신촌마을로 돌아간 것은 오로지 김효지 시아버지 송막동의 설득 때문이었다.

송막동의 집안과 이오순의 시가는 꽤 친하게 지냈다. 이오순을 설득해서 데리고 왔으니 책임을 진다는 뜻에서였을까. 송막동과 그의 부인 원산댁은 이오순이 신촌에서 서울로 이주할 때까지 많은 도움을 주었다. 송막동의 손자 갑영과 이오순의 막내아들 광영이는 어린 시절부터 친구처럼 지냈다. 이오순은 생활능력이 없는 시부모와 남편을 돌봤다. 시집살이의 어려움은 송막동 부부와 의논했다. 먹을거리가 똑 떨어질 때도 달려갔고 가족들이 아파도 찾아가 도움을 구했다. 김효지의 이야기다.

"그래서 이제 무슨 일만 있으면 우리 시부모님을 찾아와 의논을 하는 거야. 아주 믿고 의논을 하는 거야. 그러면 우리 아버님은 이것은 이렇게 하고 저것은 저렇게 하라고 다 일러주는 거지. 그러면 가서 그대로 해. 그리고 또 어려운 일이 생기면 의논하러 오고."

이오순이 김효지의 시부모에게 의지할 수밖에 없었던 또 다른 이유는 혼인하고 4년 뒤인 1947년에 시어머니가 돌아가셨기 때문이다. 시아버지도 건강한 편은 아니었다. 이오순은 송막동과 그의 아내 원산댁을 시부모처럼 믿고 의지했다. 송막동은 '나를 믿고 가자'고 했던 약속을 사는 내내 지켰다.

## 오직 살기 위해 장사에 나서다

이오순이 신촌마을에 시집온 지 2년 후인 1945년 8월 15일 해방을 맞이하였다. 먹고 사는 것은 해방 전이나 후나 마찬가지로 고통이었다. 농촌은 오랫동안 계속된 일제의 수탈로 피폐할 대로 피폐해진 상태였고 한해와 수해가 겹쳐 흉년이 계속되었다. 초근목피로 연명하는 농민들의 삶은 비참했다. 이오순의 부모는 밥이나 얻어먹고 살라고 의례도 없이 혼인을 시켰지만 굶는 날이 더 많다는 소식을 듣고 몹시 가슴 아파했다.

이오순은 1945년 12월에 첫아들 한영을 낳았다. 식구가 늘었는데 살림은 나아질 기미가 보이지 않았다. 남의 집 일도 도와주고 본가에서 그랬던 것처럼 산으로 들로 쫓아다니면서 나물을 캐고 쑥을 뜯었다. 나물을 뜯을 때는 어머니가 일러주신 말을 기억했다.

"배고프다고 아무 나물이나 뜯어 먹으면 못쓴다. 새순이라고 다 먹을 수 있는 것이 아니야. 잘못 먹으면 죽을 수도 있어. 꼭 쑥이어야 한다."

이오순은 쑥이 세서 나물로 먹을 수 없을 때는 뜯어서 말렸다가 명절에 떡을 해먹었다.

이오순은 날마다 남편이 돈 한 푼이라도 벌어오기를 바랐다. 그는 특별하게 하는 일이 없었고 농사를 짓지도 않았다. 소작도 없고 날품을 팔 수도 없었다. 땔나무라도 팔아서 보리쌀 한 됫박이라도 사오기를 바랐지만 남편은 나무 한 짐도 제대로 하지 못했다. 늘 머리가 지끈지끈 아프다고 했다. 그래도 '혹시나' 하는 마음으로 기다렸다.

헛기대였다. 남편만 바라보고 있다가는 모두 굶어 죽게 생겼다. 이오순은 새우젓 장사를 시작했다. 어린 아들을 업고 머리에는 새우젓 항아리를 이었다. 본가에서도 아버지를 따라 가가호호 새우젓을 팔러 다닌 적이 있었다. 아버지는 지게에 큰 항아리를 지고 다녔다.

"새우젓 사려~~!"

아버지의 목소리를 듣고 동네 아낙네들이 새우젓을 사러 나오곤 했다.

새우젓 항아리는 목이 쑥 들어갈 정도로 무거웠다. 새우젓은 쌀이나 잡곡으로 바꿨다. 사는 사람도 파는 사람도 돈이 없을 때였다. 대부분 물물교환이었다. 새우젓을 다 팔아도 항아리 무게는 줄어들지 않았다. 작달막한 키에 다부진 몸이었던 그녀는 생활의 무게에 짓눌려 점점 쪼그라들었다. 둘째 아들 선영이 어머니가 장사할 때 힘들었다며 전해준 이야기를 들려주었다.

"내가 듣기로는, 나를 업고 장사를 다니셨을 때인데, 한겨울에 덕봉산 지릿재를 넘으려고 이고 지고 언덕길을 오르면 미끄러지고 미끄러지고 하니까, 그리고 또 무거워서 힘드니까, 나를 밑에 내려놓고 항아리만 이고 어머니 혼자 언덕을 올라가. 언덕 중간쯤에 가서 항아리를 내려놓고 다시 내려와서 나를 데리고 올라가. 나는 어머니 등에서 내려지는 순간부터 막 울면서 그 눈길을 북북 기어 올라가는 거지. 어머니가 내려와서는 항아리 있는 데까지 나를 데려다 놓고, 또 항아리를 이고 올라가는 거야. 그러면 나는 또 울면서 북북 기어 올라가고. 얼마큼 가다 항아리 내려놓고 어머니가 다시 나를 데리러 내려오고…. 그렇게 반복해서 오르락내리락하면서 지릿재를 넘는 거예요. 그런데 나중에는, 내가 너무너무 덩치가 커지니까(업고 다니기에는 너무 힘이 드니까) 동네 아주머니에게 맡겨놨는데, 그 아주머니에게도 젖먹이가 있었어요. 성환이라고. 그런데 내가 먹성이 좋아가지고 막 밀치고 뺏어 먹고 하니까, 성환이가 먹을 젖을 내가 다 먹어버렸다고 막 혼나고 그랬다고 하더라고. 나뿐 아니라 찬영이도 광영이도 그렇게 컸어. 우리 다 어머니 등에서 컸어요."

1949년 4월에 외동딸 영숙이를 낳았다. 그 이듬해인 1950년 6월에 한국전쟁이 터졌다. 엄혹한 시기였다. 낮에는 군경이 인민군 부역자 색출한다고 휘젓고 다녔고 밤에는 인민군이 마을을 장악해서 군경의 가족을 색출한다며 횃불을 밝혔다. 모두들 두려움에 떨었다. 마을 사람들이 공포와 혼란 속에서 할 수 있는 것은 침묵뿐이었다. 날마다 흉흉한 소문이 무성했다.

이오순의 시가에서도 피해갈 수 없는 비극이 일어났다. 전쟁 직후인 1951년에 시동생들이 인민군에 납치되었다. 여섯째 시동생 송종

윤과 막내 시동생 송종수였다. 그 일로 남편과 일곱째 시동생 송종철이 군경에 붙잡혀 가서 고문을 당했다. 빨갱이 가족이라는 이유였다. 남편은 그 고문 후유증으로 몸을 움직이지 못했다. 20대였던 송종철은 남편보다 더 심하게 고문을 당했다. 거의 죽게 되자 석방해주었다. 집으로 돌아올 때 시체처럼 축 늘어져 마차에 실려 왔다. 다들 죽었다고 했다. 이오순은 남편과 시동생을 정성으로 보살폈다. 인민군 부역자라고 붙잡혀 가서 죽도록 고문당한 남편과 시동생을 살려낸 이야기는 선영이 들려주었다.

"(송판금의) 동생 두 명이 죽어버리고, 그 바로 밑에 동생인 송종철(작은아버지)은 이제 거듭 잡혀가서 시체가 되다시피 되어 돌아왔어. 이제 부역자라 그래가지고 거듭 잡혀갔지. 저어쪽 등촌들판 앞에 마차로 실어다 놓고 빨리 데려가라고. 다 죽어서 왔다고 빨리 데려가라고 하더래요. 원산댁이 맥을 짚어보니 맥은 있더래. 그래서 방안으로 들이고 온갖 민간요법을 다 써서 살려냈어. 그때 스물다섯 살이었던 어머니가 똥물도 걸러서 먹였대요. 굉장히 역한 냄새가 진동을 하는데도 지극정성이었다고 해요. 시동생인데도 정성으로 살려냈다고 대단하다고들 했대요. 시어머니가 안 계시니 어머니가 작은아버지의 어머니 역할을 하신 거지요."

먼 훗날의 이야기다. 인민군에게 잡혀갔다가 사망한 시동생 송종

윤의 아들 세영이 자리를 잡지 못하고 고아처럼 떠돌 때도 이오순이 거뒀다. 집 근처에 이주시키고 먹고 살게 도와주었다. 그런 모습을 본 송막동은 이오순을 칭찬했다. '뼈대 있는 집안에서 시집을 왔기 때문에 가문을 지키고 효도한다'며 훌륭한 사람이라고 칭찬을 했다고 그의 며느리 김효지가 전했다.

이오순은 1952년 전쟁 중에 둘째 아들 선영을 낳았다. 전쟁 중이라 한밤중에도 불을 켜지 못했다. 시어머니는 오래전에 돌아가시고 안 계셨다. 자식들은 너무나 어렸고 남편과 시아버지는 환자들이었다. 주변에 산모를 도와줄 사람이 아무도 없었다. 형언할 수 없이 극심한 산통이 몰아쳐도 비명을 지를 수 없었다. 올무에 걸린 산짐승처럼 끙끙 앓았다. 빠져나오려고 애를 쓰면 쓸수록 올무는 더 단단하게 조여든다. 산통도 그랬다. 일정한 간격으로 이어지던 진통은 어느 순간에 이르면 숨이 턱에 찰 정도로 빨라졌다. 아기가 세상 밖으로 나올 준비가 된 것이다.

한영을 낳을 때 시어머니가 진통하는 이오순에게 말했다.

"하늘이 노랗게 보여야 애가 나온다."

시어머니도 8남매를 혼자 낳았다고 했다. 이오순은 어두운 방 안에서 제발 하늘이 노랗게 되기를 간절히 빌었다. 진통과 혼절 사이 어느 순간 무언가가 쑥 빠져나오는 느낌이 들었다. 이오순은 아기 울음소리가 밖으로 들릴까 두려워 가슴 졸였다. 아이도 아는 것인지 입술을 옴지락거릴 뿐 우렁차게 울지 않았다.

방안에는 피 냄새가 진동했다. 젖을 물릴 새도 없이 집 앞 냇가로 나가 피걸레를 빨았다. 음력 1월이었다. 냇물에 손을 담그자 머리끝까지 한기가 뻗쳐 찌릿했다. 머리가 쪼개질 것 같았다. 순식간에 손이 얼었다. 온몸이 덜덜 떨렸다. 무감각해진 손으로 핏물을 뺀 옷가지와 걸레를 짜서 들고 집안으로 들어왔다. 냇가 가까이에 살아서 단 몇 걸음이라도 고통을 줄일 수 있었던 것이 다행이었다. 하지만 모든 뼈가 물러난 산모의 몸에 한겨울 찬바람이 들어 평생 고생해야 했다. 이오순은 스물여섯 살에 세 아이의 어머니가 되었다. 남편은 아무것도 도와주지 않았다.

남편은 고문 후유증으로 늘 앓아누웠다. 몸은 더 퉁퉁해지고 걸음걸이도 온전하지 못했다. 시동생 송종철도 죽다 살아났지만 회복되려면 시간이 걸릴 터였다. 그 와중에 새 생명이 태어난 것이다. 신생아는 순했다. 젖이 나오지 않아도 보채지 않았다. 이오순은 맹렬한 기세로 빈 젖을 빠는 아이 얼굴을 들여다본다. 쭈글쭈글한 주름이 가득하다. 젖을 제대로 먹지 못해서 막 태어난 모습 그대로였다. 한숨이 절로 나왔다. 울지도 않고 빈 젖만 빨아대는 아이를 꼭 안아주었다.

시간이 아무리 흘러도 가난한 삶은 나아지지 않았다. 마을 앞 작은 문중 논에 약간의 벼농사를 짓는 것이 다였다. 마당이라도 있으면 상추, 고추, 호박이라도 가꿔먹을 것인데 냇가 집이었다. 장마 때는 집안까지 물이 넘실거렸다. 풀씨 하나 뿌리내릴 곳이 없는 한데였다. 품팔이도 어린아이를 업고 할 수는 없었다. 가끔 동네에서 큰일 치르는 집 일을 도와주고 먹을 것을 얻어왔다. 그것도 온 가족이 한

끼 먹으면 끝이었다.

　노동력을 상실한 남편이 원망스러웠다. 기대는 오래전에 버렸다. 남편은 벌써 마흔한 살이었다. 하는 일이라고는 노름방에 가거나 가끔 광주에 제사를 지내러 가는 것뿐이었다. 그럼에도 이오순은 나가서 돈 벌어오라고 채근하지 않았다. 왜 바람이 없었겠는가? 생각나는 대로 입 밖으로 뱉어내는 성격이 아니었을 뿐이다. 그녀는 채근하기보다 기다려주었다. 자식들도 그렇게 키웠다. 생각이 있겠거니, 믿고 기다렸다. 다그치지 않았다. 하지만 남편은 믿고 기다릴 존재가 아니었다. 가족생계를 책임져야 할 가장이었다. 하루종일 코딱지만 한 방안에서 도인처럼 좌선의 자세로 살았다. 누워지내지 않은 것만도 다행이었다. 이오순의 생각과 달리 선영은 침착한 아버지, 도인 아버지의 모습으로 기억하고 있었다.

"언젠가 어렸을 때였어요. 홍수가 났는데. 지금은 석곡천 앞에 모두 제방을 쌓아서 큰물이 아니면 물이 넘치지는 않겠지요. 그때는 문 열면 바로 계곡이었어요. 냇가. 비가 막 쏟아지니까 물이 넘쳐서 집안으로 막 넘쳐 들어와요. 엄청 무서웠어요. 그런데 아버지는 굉장히 풍채가 좋아요. 뚱뚱하니까. 한복 딱 입고 앉아가지고, 우리는 아버지 뒤에서 벌벌 떨고 있는데, 이제 하늘에서 천지개벽해서 우리를 데리러 올 거다, 무서워하지 말라, 그러면서 눈 하나 깜짝을 안 해요. 비가 그렇게 많이 오는데. 천둥이 치면 그 천둥 타고 승천한다고 믿으시는 것 같앉어요. 우리는 아버지 등 뒤에 딱 숨어 있었지요."

자식들의 기억처럼 남편은 도인이었다. 하지만 이상과 현실 사이에서 길을 잃은 도인이었다. 이오순의 본가에서는 사위가 이상만 좇는 도인이라고 좋아하지 않았다. 이오순의 남동생 이용남이 매형에 대한 기억을 들려주었다.

"매형은 별로 일도 열심히 안 하시고, 도교 이런 거 공부하셨다고도 하고. 도인이라 그랬어. 그런데 그때는 노름이 심했어요. 우리 매형은 기술이 좋았어. 그래서 돈을 따먹어. 노름해서 조금씩 딴 돈으로 우리 집으로 꼭 쌀을 사러 보내. 매형 동생 시켜서 쌀을 사 오라고 보내. 여기 학동들이 농사가 좋아. 그때는 쌀 살 가게도 없고 하니까 우리 동네에 와서 쌀을 사가. 매형은 맨날 투전장에서 살았어."

이오순은 집에서는 도인처럼 지내다가 틈만 나면 투전판에서 사는 남편이 못마땅했다. 하루는 투전판을 난장판으로 만들어 버렸다. 이오순의 조카 이만신(이용남의 아들)이 어렸을 때 가족들에게 들었던 이야기를 전해주었다.

"고모부님이 며칠째 집에 돌아오지 않았던가 봐요. 자식들은 배가 고파서 우는데 가장이 돌아오지 않으니 고모님 속이 상하셨겠지요. 갑자기 오줌통을 들고 쫓아가서는 투전판에 오줌을 뿌려버렸어요. 투전꾼들 눈이 홱 돌아가지고 고모님에게 달려들었어요. 고모님도 지지 않고 고모부님의 멱살을 잡아 흔들면서 악을 쓰셨다고 하더라구요. 노름하느니 너 죽고 나 죽자고. 키가 한 150㎝나 되는 작달막한 여자가 멱살을 잡아 흔들며 악을 바락바락 쓰니까 남자들이 슬금슬금 뒤로 물러섰다고 하더라구요. 고모님은 고모부님이 노름하는 것을 싫어했어요."

## 세속을 초월한 천도교도 남편

　남편은 천도교에 심취해 있었다. 한 달에 한 번 정도는 광주에 나갔다. 천도교에서 제를 지낸다고 했다. 그 제에는 반드시 참석했다.
　천도교는 단순한 종교가 아니었다. 동학에서 출발해서 독립운동과 교육, 사회개혁 등 한국 근대사에 깊은 영향을 끼친 민족종교였다. 1860년 최제우가 창시한 동학은 2대 교주 최시형이 계승하여 교세를 확대했다. 1905년 3대 교주 손병희가 천도교로 개칭하였다. 사람이 곧 하늘이라는 인내천 사상은 변함이 없었다. 대신사인 최제우가 교주가 되고, 최제우로부터 최시형이 교주를 물려받고, 이어서 손병희, 박인호가 교주를 물려받은 날을 기념하는 제였다. 남편은 신촌마을에서 양동에 있는 광주 교당까지 걸어갔다.
　광주에 가려면 무등산 잣고개를 넘어가야 했다. 잣고개는 산적들이 출몰한다는 소문이 난 험한 고개였다. 마을 사람들이 광주로 일 보러 나갈 때는 새벽에 일찍 갔다가 해지기 전에 잣고개를 넘어와야 안전했다. 남편은 마을 사람들처럼 빠르게 움직일 수 없는 몸이었다. 잣고개를 넘을 수나 있을까 걱정이었다. 한 번 외출을 하면 다른 사람보다 서너 배의 시간이 걸렸다. 그보다 더 걸릴 때도 있었다. 한 번은 이오순이 물었다. 둘째 아들 선영이가 이제 막 뒤집기를 시작하던 8월이었다.

"어딜 다녀오시오?"

남편은 땀범벅이 된 몸을 힘겹게 문턱에 걸치며 대꾸했다.

"제 지냈제."

이오순이 깨끗하게 빨아서 입혀 준 흰 두루마기는 며칠 사이에 땀에 절어 꼬질꼬질해졌다. 몸에서는 역한 냄새가 풍겼다. 말을 잘하지 않는 남편이 이오순의 물음에 대답을 했다. 신기해서 계속 말을 걸었다.

"천도교?"

남편은 문턱에 걸친 다리를 방안으로 끌어올리며 중얼거리듯 말했다.

"해마다 지내는 제사지. 천도교 최시형 교주."

"천도교…"

이오순은 천도교가 밥 먹여 주느냐고 묻고 싶었다.

"인내천이라고 들어봤는가? 사람이 곧 하늘이라는 뜻이지. 이 세상에는 보이지 않는 기(氣)가 있어. 이런 기(氣)의 활동이 세상을 주관해서 우주 만물의 활동과 생물의 생사를 움직인다고 믿는 종교야."

남편은 자식들이 굶고 있어도 걱정하지 않았다. 걱정이 없는 사람처럼 보였다. 천하태평인 듯 여유를 부렸지만 가끔 불같이 화를 내기도 했다. 이오순은 가장의 책임을 다하지 못한 자격지심이라 생각했다. 얘기를 들어보니 꼭 그런 것만은 아닌 듯했다. 그것도 우주를 움직이는 기(氣) 때문인가. 세상에는 보이지 않는 기(氣)가 있어 사계의 흐름이나 날씨도 영향을 받는다지 않는가. 배고픔도 기(氣)의 영향인가?

"나는 잘 모르겠소. 홍수에 집이 떠내려갈 것처럼 위험해도 책상다리를 하고 앉아 있다가 죽으면 그것도 우주의 이치라요?"

"우주의 이치지. 죽으면 하늘로 가는 것이 이치요. 하늘이 데리러 오는 것이지. 그것이 죽음이고."

이오순은 속에서 천불이 났다. 기(氣)라고? 답답한 심정을 말로 다하기 어려워 가슴을 툭툭 쳤다. '우주 만물의 탄생과 죽음, 자연 현상의 변화는 모두 이 지극한 우주의 개입이 있기에 가능한 것이야. 지금 배가 고프다고 그 이치를 무시하면 안 된다고?' 자연의 이치를 이해하지 못할 바는 아니었다. 사람살이의 어느 한 가지라도 우주의 운행과 관련 없는 것은 없다고 믿었다. 그런데 굶어 죽는 것도 우주의 이치일까? 자식을 먹여 살릴 재산도 재간도 없이 계속 아이를 낳는 것도 우주의 이치일까? 밥 한 끼 제 손으로 챙겨 먹지 못하지만 그것이 우주의 이치라고? 남의 손으로 깨끗하게 빨아 두드린 흰 두루마기를 입고 도인처럼 좌선을 하면 밥이 나와 떡이 나와?

자식들은 아버지로부터 삶의 유유자적한 태도와 우주의 기(氣)를 배웠다고 말한다. 남편은 '길이 아니면 가지 말고 말이 아니면 내뱉지 말라!'는 말을 자주 했는데, 자식들은 그 말을 좌우명처럼 여겼다. 선영이 송판금의 종교활동에 함께했던 경험을 들려주었다.

"종교적인 일로 광주에 좀 나다니셨어요. 한 달에 한 번 정도로 광주에 가시는데 몇 명이 모여서 제사를 지내고 인사도 하고 그랬어요. 나도 몇 번 따라간 적이 있는데, 배고프니까 떡도 좀 얻어먹고 그랬어요. 그리고 가끔 마을 뒷산에서 땔나무를 한 짐 해가면 아버지가 예뻐해 주시고. 당신은 나무하러 못 가니까. 그러면, 시원한 냇물 한 그릇 떠서 당원 타서 마시라고 주고 그랬어요. 달달하니 엄청 맛있었죠."

이오순은 돈 한 푼 없이 명절을 맞이할 때가 가장 괴로웠다. 밥 해 먹을 쌀도 땔나무도 아무것도 없었다. 이웃집에서는 명절을 준비하느라 부산했다. 떡메를 치고 전을 부치고 나물을 무쳤다. 아무것도 없는 이오순은 아무것도 할 수 없었다. 골목을 꽉 채운 고소한 냄새며 고기 삶는 냄새는 고통이었다. 떡메 치는 흥겨운 소리는 고문이었다. 어른도 견디기 힘든데 아이들은 어떠했을까.

명절 때는 품앗이도 할 수 없었다. 조상에게 드릴 음식은 정성으로 만들어야 했다. 남의 손을 빌리지 않는 것이 명절 음식이었다. 이오순은 음식 만드는 손이 넉넉하고 솜씨가 좋아 음식 맛이 일품이었다. 동네에서 큰일을 치를 때는 꼭 불렀다. 하지만 명절은 달랐다. 떡도 하고 나물도 무칠 수 있는 이웃들이 부러웠다. 혼인하기 전 어머니는 이오순에게 일렀다.

"음식은 할 수 있으면 넉넉하게 해야 한다. 없는 사람하고 나눠 먹는 것이 명절 음식이다."

귓가에 어머니의 목소리가 들리는 것 같았다. 이오순은 어머니 말씀처럼 넉넉하게 나물을 무치고 쑥떡도 넉넉하게 해서 이웃과 나누고 싶었다. 명절을 즐기고 싶었다. 특별한 양념이 없어도 이오순이 무친 나물은 맛있었다.

"나물같이 거친 음식은 참기름이나 들기름을 치면 좋지. 없으니까 간만 딱 맞춰라. 간만 맞으면 쑥떡 짝꿍으로는 딱이다."

또다시 어머니의 목소리가 귓가에 들리는 것 같았다. 남편은 방 가운데 눈을 감고 앉아 있었다. 이오순은 이웃집에 쌀이라도 빌릴까 하고 기웃거렸다. 이오순의 집과 담을 함께 쓰는 월산댁은 부엌에서 무엇인가를 하고 있었다. 차마 들어가지 못하고 월산댁 집을 지나쳤다. 모퉁이를 돌아서자 분밭댁 초가집이 보였다. 분밭댁은 이오순이 혼인해서 신촌마을에 왔을 때부터 친동생처럼 따숩게 대해주었다. 이오순의 가난한 처지를 이해했고 먹을 것이 생기면 나눠주었다. 분밭댁을 찾아가면 도움을 줄 것이다. 하지만 차마 분밭댁 사립문을 밀고 들어가지 못했다. 이오순은 골목 한가운데 있는 송막동의 집으로 갔다. 명절 준비로 바쁘기는 그 집도 마찬가지였다. 열려있는 대문으로 들어갔다. 설이라고 새 옷 입고 입에 떡 물고 뛰어다니는 아이들을 멀거니 바라볼 자식들이 눈에 밟혀서 그냥 돌아갈 수 없었다. 새삼 남편의 무능력이 지겨웠다. 셋째 아들 찬영이 송판금에 대한 기억을 들려주었다.

"아버님은 좀 무능력자라 할까, 병자라고 할까, 좀 그랬어요. 몸이 비대해서 일을 못 하고, 무슨 병이 있다고 그러는데 정확히는 모르겠고. 어려서의 기억이라 잘 생각이 안 나요."

찬영은 아버지와 가장 오랫동안 함께 지냈지만 아버지에 대한 기억이 또렷하지 않다고 말했다. 이오순은 찬영이 남편을 가장 많이 닮았다고 생각했다. 찬영은 어지간한 일로는 울지도 않고 혼자서 뒹굴뒹굴 잘 놀았다. 좀 커서도 말없이 해야 할 일을 묵묵히 하는 성격이었다. 무슨 생각을 하는지 속을 알 수 없을 정도로 과묵했다. 한번 화가 나거나 제 생각과 다르면 불같이 화를 내는 것도 남편과 닮았다. 찬영은 어머니가 자신을 별로 좋아하지 않는다고 생각했다. 아버지를 닮은 탓이라고 여기고 있었다. 남편에 대한 기억은 선영의 설명이 좀 더 상세했다.

"아버지는 피부가 굉장히 고우셨어요. 논밭에 나가서 일하지 않아서 그랬는지 구릿빛 농부들 피부와 달리 뽀얀 아기 피부였어요. 성격은 강하시죠. 괴팍하셨어요. 전쟁 때 고문 때문인지 본래 장애가 있었는지는 모르겠는데 다리를 절룩거렸고, 항상 아매아매, 하는 이상한 소리를 내시니까 사람들이 병신이라 놀렸어요. 따돌림도 당하고 그랬어요. 기본 성격은 정직한데, 몸도 아프고 그러니까 이제 말도 툭툭 하고 그러셨죠. 어머니하고는 성격이 안 맞았어요. 키는 작지, 뚱뚱하지, 일은 못 하지. 어머니가 좋아하시지 않았어요. 그래서 어머니는 '내가 죽어도 절대 아버지랑 합장하지 말라'고 몇 번이나 당부하셨어요."

1955년에 셋째 아들 찬영을 낳았다. 1957년에 시아버지가 돌아가셨다. 시아버지는 두 아들이 납치되어 사망했고, 그 일로 또 두 아들이 군인에게 잡혀가서 고통을 당하는 것을 지켜봤다. 그 충격으로 시름시름 앓다가 돌아가신 것이다. 시아버지가 돌아가신 그 이듬해인 1958년에 막내아들 광영을 낳았다.

　이오순은 찬영을 낳은 후에 더 이상 아이를 낳고 싶지 않았다. 임신하지 않으려고 남편을 피해 다녔다. 밤이면 이웃인 월산댁 집으로 가서 밤새 이야기를 하다 거기서 잤다. 그렇게 피해 다녔지만 또 임신이 되었다. 아이를 낳고 싶어 하지 않아서 그랬는지 광영을 낳을 때는 난산이었다. 출산은 모든 순간이 고통이었다. 이오순은 벌 받고 있다고 생각했다. 낳지 않으려고 남편을 피해 다닌 벌. 하지만 광영은 이오순의 아들이 될 운명이었다. 임신을 확인한 뒤에는 결코 나쁜 마음을 먹지 않았다. 그럴 새가 없었다. 자식들이 쑥쑥 자라고 있었다. 밥을 한솥 가득해도 게눈 감추듯 없어졌다. 떡을 해도 감자를 쪄도 고구마를 삶아도 순식간에 먹어치웠다. 뱃속의 아이도 덩달아 쑥쑥 자랐다. 산달이 되어 출산을 했다. 선영이 그때의 정경을 기억하고 있었다.

"내가 그때 여섯 살인가 일곱 살이었는데, 처음에는 몰랐어요. 왜 깨우는지를요. 얼마나 힘드셨는지 나를 막 밀치면서 깨우시더라구요. 그때 어릴 때라 어머니가 애기를 낳으려고 한다는 것도 몰랐어요. 그런데 어머니가 할머니(송막동의 아내 원산댁) 좀 모시고 오라고 하시는 거예요. 그래서 문을 열고 밖으로 나갔는데 밖이 엄청 깜깜했어요. 맨날 다니던 골목인데도 너무 무섭고 멀었어요. 한 백리는 되는 것처럼. 막 달려가서 할머니를 깨워서 모시고 왔지요. 나중에 서울로 이주하고 광영이 그렇게 되고 나서 어머니가 그러시더라구요. 광영이를 절대로 절대로 안 낳을라고 했다고. 먹고 살기도 어려운데 자식을 또 낳는 것이 두려워 아버님을 거부했다고."

이오순은 아이를 낳고 몸을 추스를 새도 없이 또 임신을 하게 되는 것이 끔찍하게 싫었다. 5남매를 낳을 동안 사흘 이상 누워서 몸조리를 해 본 적이 없었다. 미역국 끓여줄 어른도 안 계셨다. 본가의 어머니도 출산할 때마다 찾아올 수 없었다. 자리 보전하고 누워서 미역국 먹을 처지가 아니었다. 빈 젖을 물릴 수 없으니 장사라도 해야 했다. 품앗이를 하러 가면 동네 여자들이 미역국을 새참으로 끓여주었다. 그녀들도 같은 처지들이라 동병상련의 심정이었을 것이다. 넉넉한 살림은 아니었지만 갓난아이 젖이라도 물리라고 보리밥도 고봉으로 담아주고 미역국도 양푼에 퍼주었다.

이오순에게는 임신과 출산의 고통이 배고픔보다 더 큰 공포였다. 몸이라도 가벼워야 일을 할 수 있고 그래야 먹고 살 수 있을 것 같았다. 남편에게서 벗어나야 살 수 있을 것 같았다.

이오순은 천형과 같은 가난에서 벗어날 방법을 고민했다. 그때 분밭댁이 장사를 해보라고 권했다. 모두 서울로 돈 벌러 떠나지 않느냐며, 서울에서 장사하면 굶어 죽지는 않고 살 수 있다고 했다. 분밭댁은 이미 서울에서 장사를 하고 있었다. 장사를 시작할 때 물건을 살 종잣돈이 필요한데 그것도 빌려주겠다고 했다. 시골 궁벽한 곳에서 논밭도 없이 줄줄이 달린 아이들과 먹고살 방법이 없지 않으냐, 장사를 해보니 먹고살 만큼은 벌 수 있더라며 같이 서울로 가서 행상을 해보자고 했다.

분밭댁의 말이 옳았다. 신촌마을에서는 아무것도 할 수 없었다. 하지만 서울로 장사를 하러 가버리면 어린 자식들을 어떻게 할 것인가. 막내아들은 업고 간다 하더라도 다른 자식들에 대해서는 아무런 대책이 없었다. 외동딸 영숙이와 남편에게 맡겨야 했다. 이오순이 벌지 않으면 다 같이 굶어 죽을 수밖에 없었다. 이오순은 서울로 장사하러 가기로 결심했다. 달리 방법이 없었다.

분밭댁은 이오순을 자신이 다니던 세창상회에 소개했다. 당시에는 물건을 판매할 직원을 소개해주면 별도의 혜택이 있었다. 분밭댁이 판매직원 소개에 따른 혜택을 받으려고 이오순을 소개한 것은 아니었다. 분밭댁과 이오순은 서로 많은 도움을 주고받으며 평생 의지하고 살았다. 농한기가 되면 상회 사장들이 직접 부녀자들을 모집하러 돌아다니기도 하던 때였다. 봄부터 가을까지 장사하고 추운 겨울에는 집으로 돌아와서 식구들을 돌보는 식이었다. 아이 딸린 부녀자들의 호응이 좋았다.

신촌마을에는 남편과 네 아이가 남았다. 초등학교를 막 졸업한 큰아들 한영이는 머슴살이를 보냈다. 큰아들 한영이 열 살 무렵에 시아버지가 맞춰준 지게를 지워 보냈다. 시아버지는 한영이에게 장손의 책임감을 말해주었다. 머슴살이라도 해서 가족들을 먹여 살려야 한다고 했다. 이오순은 밥이라도 굶지 말라는 마음으로 한영을 송막동의 집으로 보냈다. 한영의 머슴살이는 그리 길지 않았다. 머슴살이를 걷어차고 가출했다는 소식을 서울에서 들었다. 살림은 외동딸 영숙에게 맡겼다. 영숙의 나이 열 살 때였다.

이오순이 머리에 이고 다니며 팔았던 죽제품을
지금은 노점에서 파는 모습

## 남도땅 벽촌에서 서울로

　이오순은 1959년 1월 말 서울 용산역에 내렸다. 서른세 살이었다. 광영을 업고 작은 이불 보따리를 인 채였다. 역사 밖으로 나오자 한겨울 찬바람이 모자를 맞았다. 이오순은 선뜻 걸음을 떼지 못했다. 도로 한가운데로 전차가 지나가고 그 곁으로 버스와 승용차가 달렸다. 짐을 가득 실은 소달구지 뒤로 자전거가 달려갔다. 사람들은 전차와 자동차 사이로 오갔다. 도심은 건물들이 빼곡하게 들어차 있었다. 청풍동 신촌마을과는 비교할 수 없었다. 분밭댁과 함께 오지 않았더라면 어디가 어딘지 분간하지 못하고 헤맸을 것이다.
　이오순은 두리번거리면서도 분밭댁을 놓치지 않으려고 부지런히 따라갔다. 분밭댁과 함께 전차를 탔다. 시골에서는 십리 길은 예사로 걸어 다녔지만, 도시에서는 전차를 타는 것이 일상인 것 같았다. 1953년 7월 전쟁이 끝난 이후 제대로 복구되지 않은 도시는 과거와 현대가 공존했다. 사방이 공사현장이었다. 도로를 정비하느라 여기저기 파헤쳐놓았고, 건물이 올라가고 있고, 하천제방 공사도 한창이었다. 택시, 버스, 전차가 복잡하게 파헤쳐진 도로를 아슬아슬하게 교차했다. 가끔 승용차와 소달구지도 지나갔다. 한복 입은 사람, 양복 입은 사람, 머리를 땋아 내린 사람, 머리를 짧게 자른 사람들이 바쁘게 움직였다. 이오순은 도시의 풍경이 신기하기만 했다.

문득, 서울에서 살아갈 수 있을 것 같다는 생각이 들었다. 자동차도 많고 건물도 많은 복잡한 도시지만 흰옷 입은 사람들이 살고 있었다. 쪽 찐 머리, 흰 한복, 흰 고무신, 작은 보따리를 든 사람들. 자신과 다를 것 없는 사람들이 양곡점에서 쌀을 사고, 만물상에서 물건을 고르고 있었다. 낯선 도시에 대한 막연한 두려움은 점차 사라졌다. 서울도 사람 사는 곳이라는 생각이 들자 두근거리던 마음이 차분해졌다.

이오순은 세창상회 다락방에서 서울살이를 시작했다. 세창상회 건물은 2층짜리 작은 목조주택이었다. 1층은 물건을 쌓아두는 창고였고 건물 내부 계단을 통해 2층으로 올라가면 주인이 사는 공간이었다. 다락방으로 갈 때도 그 계단을 이용해 2층으로 올라가야 했다. 계단 옆에 연탄 화덕이 2개 놓여 있고, 화덕 바로 앞이 20여 명이 합숙하는 다락방이었다. 삼각형 지붕 아래 있는 다락방이라서 거의 기다시피 드나들어야 했다. 고개를 들고 다닐 수 없었다. 허리를 숙이고 천장에 머리를 부딪치지 않도록 조심해야 했다. 벽만 겨우 막아놓은 다락방은 한데나 다름없었다. 다락방은 한겨울엔 얼음 창고 같았고, 한여름엔 찜통 같았다.

전쟁이 끝난 직후의 한국은 여성노동자들을 필요로 하는 노동집약적인 산업이 성장하고 있었다. 섬유공장, 가발공장, 신발공장이 대표적이었다. 농촌의 젊은 여성들이 가난한 농촌에서 벗어나 돈을 벌기 위해 도시로 향했다. 공장은 저임금과 장시간 노동으로 여성노동력을 착취했다. 젊은 여성노동자들은 기숙사에서 공동생활을 했다.

이오순은 한창 성장하던 산업공장에 취직할 수 없었다. 이오순처럼 아이 딸린 부녀자들은 주로 작은 공장에서 생산하는 상품을 팔았다. 플라스틱 제품이 나오기 전이었고 교통이 발달한 때도 아니었다. 주요 물품은 대바구니, 돗자리, 소쿠리와 같은 생활필수품이었다. 살림에 꼭 필요한 물건들이었지만 시장에서 직접 사서 들고 오기에는 거추장스러운 물건들이었다. 방문판매를 하면 손쉽게 살 수 있는 생활필수품들. 부녀자들은 생필품을 감당할 수 있을 만큼 머리에 이고 이 골목 저 골목 다니면서 팔았다. 특별한 기술이 없어도 할 수 있는 일이었다. 많은 부녀자들이 도전했다. 배운 것 없고 가진 것도 없이 아이까지 딸린 아낙네들이 할 수 있는 일이었다. 생활필수품이라서 방문판매 하기에는 부녀자들이 더 유리하기도 했다. 상품 설명이 구체적이고 유려했기 때문이다.

　이오순은 세창상회의 영업직원으로 들어가 행상을 시작했다. 세창상회에서 제공한 합숙소에서 다른 행상인들과 함께 기거했다. 합숙소는 사람이 모여 살 수 있는 집이 아니라 겨우 바람막이 벽만 쳐진 빈 공간이었다. 난방도 안 되고 수도 시설도 없었다. 공동생활에 필요한 모든 비용은 각자 분담했다.

　밥은 장사에서 돌아오는 순서대로 각자 해 먹었다. 연탄 아궁이 하나에는 밥을 하고 다른 하나로는 국을 끓였다. 일찍 들어온 순서대로 아궁이를 썼기 때문에 장사에서 늦게 돌아오는 사람들은 자정이 넘어서 밥을 먹었다. 연탄불이 다 타서 연탄을 갈면 화력이 올라올 때까지 기다려서 밥을 했기 때문에 더 늦어졌다. 행상들은 차례대로 밥을 해서 먹고 곧 잠자리에 누웠다. 시골에서 이고 온 이불 한 장을 접어 반은 깔고 반을 덮고 잤다. 온기 없는 방바닥에서 냉기가 마치 죽순처럼 솟구쳐 등을 콕콕 쑤시는 것 같았다. 그럼에도 곧바로 곯아떨어졌다. 하루종일 추위와 싸우며 낯선 길을 돌아다니다 왔으니 당연했다. 하지만 금세 잠에서 깨서는 또다시 추위와 싸워야 했다. 깊은 잠을 이루지 못하고 뒤척였다.

이오순은 광영을 배 위로 올려 안고 이불을 덮어썼다. 갓 백일을 넘긴 어린아이는 추위와 배고픔에 지쳐 잠들었다. 광영이 찬 방바닥으로 떨어지지 않도록 두 팔을 깍지껴 안았다. 깜빡 잠이 들면 팔이 풀려 광영이 방바닥으로 굴러떨어지기도 했다. 그러면 다시 배 위로 올려 안고 이불을 덮어 다독였다. 길고 춥고 불편한 밤을 견딜 수 있었던 것은 신촌에서 자신만 기다리고 있을 자식들 생각 때문이었다.

한밤중에 가끔 이야기판이 벌어질 때도 있었다. 반듯이 누우면 금세 등이 시렸다. 옆으로 누워도 돌아누워도 마찬가지였다. 이리저리 몸을 뒤척이다 누군가가 장사하면서 보고들은 이야기를 꺼낸다. 입담 좋은 사람들이 주로 이야기판을 이끌었다.

"오늘 한강에서 얼음 깨는 것을 봤네. 아직 봄은 멀었는가 봐."

"으이구, 추워!"

듣고 있던 사람들은 이불을 끌어당겨 더 단단하게 여몄다. 얼음 깨는 것을 상상만 해도 추웠다. 여기도 얼음구덩이인데 얼음 깨는 이야기라니.

"좀 따뜻한 이야기를 해봐."

"연탄 아궁이가 한 개 더 있으면 좋을 텐데. 연탄 두 개 때면 더 따뜻하잖아."

누군가가 추위에 잔뜩 질린 목소리로 말했다.

"아이고. 머리도 얼어버렸나."

누군가 돌아눕는지 몸을 뒤척이며 구시렁거렸다.

"연탄 한 장이 7원이여. 석작(대나무를 깎아 엮어 만든 함) 하나에 얼마 받아요?"

그 말에는 아무도 대꾸하지 않았다. 석작 가격이 다 제각각이기도 했지만 연탄을 더 때자면 공동생활비를 더 내야 했다. 밥과 반찬은 각자가 해결했지만 연탄이나 다른 경비는 다 같이 나눠 냈다. 누구도 지출을 늘리는 것은 바라지 않았다.

"시골 생각해봐. 땔나무가 없어서 날마다 등짝에서 소름이 돋았잖아."

분밭댁이 한마디 했다. 그랬다. 이오순이 서울에서 가장 신기하다 여긴 것이 연탄이었다. 신촌에서는 밥 굶는 것보다 땔나무 없는 것이 더 무서웠다. 벌채는 불법이었다. 산감에게 걸리면 벌금이 어마어마하게 나왔다. 땔나무 살 돈이 없으니 방 안이나 문밖이나 마찬가지였다. 이 다락방과 다를 것이 없었다. 이오순은 광영을 꽉 껴안았다. 더 따뜻하기를 바란다는 것은 신촌에 있는 자식들에게 죄스러운 일이었다. 한밤중의 이야기판은 금세 잠잠해졌다. 모두 같은 처지의 사람들이었다. 넉넉한 살림살이였으면 여기까지 오지 않았을 것이다.

"날씨가 좀 풀리면 괜찮을 거여."

분밭댁은 이오순 곁으로 가까이 다가와 광영을 다독이며 이불자락을 여며주었다. 어린 것이 고생한다고 걱정해주는 분밭댁이 새삼 고마웠다. 분밭댁은 이오순의 멘토였다. 이오순과 분밭댁 사이는 영숙의 구술에서도 확인할 수 있었다.

"추석만 기다리는 거야. 추석 때는 엄마가 오시니까. 엄마가 오시면 끌어안고 막 울어. 반갑고, 서럽고, 보고 싶고. 울어. 통곡을 해. 엄마는 밤에는 집에서 잠을 안 자. 분밭댁에 가서 놀아. 나는 엄마 치맛자락 잡고 따라갔어. 분밭댁이랑 엄마랑 그렇게 친했어. 분밭댁이 귀가 꽉 먹은 시아버지를 모시고 사는데, 말귀를 전혀 못 알아들어. 손짓 발짓으로 말을 해. 그런데 분밭댁은 귀신같이 그 말을 알아듣는 거야. 시아버지한테 그렇게 잘했어. 엄마는 분밭댁을 정말 좋아했어. 엄마가 서울로 올라가는 날에는 모두 부둥켜안고 또 울어. 통곡해. 엄마가 가지 않았으면 좋겠다고 생각했어."

이오순이 없는 시골집의 살림살이는 설명이 필요 없었다. 이오순은 봄부터 추석 무렵까지 행상을 하고 가을이면 내려와서 겨울 동안 가족들과 지냈다. 이듬해 설을 쇠고 다시 서울로 올라갔다. 가끔 집으로 돈을 보내기도 했다. 집에는 송판금과 영숙, 선영, 찬영이 함께 지내고 있었다. 한영은 머슴살이를 박차고 나간 뒤로 소식이 없었다. 자식들은 어머니를 그리워했다. 어머니가 오기만을 기다렸다. 선영은 어머니가 그리울 때마다 이오순이 머리에 쓰고 일하다 벽에 걸어두고 간 수건 냄새를 맡았다. 수건에서는 어머니 냄새가 솔솔 났다. 찬영은 이오순이 서울로 떠난 것을 덤덤하게 받아들였다.

"누나는 그때 아버지하고 사이가 좀 안 좋았어요. 누나는 아버지를 무서워하고 아버지는 누나가 집 밖으로 싸돌아다닌다고 싫어했어요. 밥해 놓고 사라져버려. 밥도 내가 할 때가 많았어요. 화강석으로 만든 절구통 있잖아요. 확독이라고. 거기다 시커먼 보리쌀을 하얗게 갈아가지고 밥을 해. 불 때서. 땔감이 엄청 중요하고 귀했지. 누님도 나도 나무하러 많이 다녔지. 온산이 민둥산이었어. 밥도 하고 난방도 해야 하는데 땔나무 구할 데가 있어야지. 식량보다 더 중요한 것이 땔감이었어. 한번은 겨울이었는데, 어머니가 집에 오셨을 때예요. 어머니가 누님이랑 둘째 형님이랑 나랑 다 끌고 눈밭 속으로 나섰어요. 집에 아무것도 없으니까. 땔감도 없고, 눈발이 치는데 한밤중에 들판을 가로질러서 소나무 가지를 막 꺾어가지고 도망치듯 왔어. 그때는 벌채가 불법이었거든. 어린 나까지 동원해서 갔지마는 얼마나 갖고 왔는지는 모르겠어요. 덕봉산 바로 아래, 그 앞쪽에 나무가 좀 있었는지, 우리를 싹 다 데리고 나무하러 갔던 기억이 나네요."

이오순이 어린 자식들을 시골에 두고 서울로 가서 돈을 벌어도 생활은 나아지지 않았다. 가난은 그렇게 쉽게 극복되는 것이 아니었다. 한영은 어디서 밥이나 얻어먹고 있는지 알 수 없었다. 집에 남아 있는 아이들도 '상거지'가 따로 없었다. 등에 업고 간 광영은 자꾸 자라서 더 업고 다니기 힘들었다. 방이라도 한 칸 얻어서 따뜻하게 키우고 싶었지만 언제 그런 날이 올지 알 수 없었다. 암담한 현실을 어떻게 해야 할지 몰라 막막하기만 했다. 하지만 신촌의 가족들은 이오순이 보낸 쌀과 돈으로 나름대로 생계를 이어가고 있었다. 선영이 그때의 기억을 들려주었다.

"가끔 동네 사람들이 제사 때나 명절 때 우리 집으로 쌀을 사러 와요. 어머니가 쌀을 사서 보내주기도 하고 돈을 보내주기도 했어요. 아버지도 돈이 생기면 외할머니댁이 있는 학동마을에서 쌀을 사 오셨어요. 그래서 우리 집에 쌀이 있는 것을 알아요. 우리도 돈이 필요하니까 귀한 쌀을 팔아요. 등잔불 켤 기름이랑 생필품을 사야 하잖아요. 그러면 되를 싹 깎아서 줘도 되잖아요. 그런데 아버지는 되를 꾹꾹 눌러 가득 채우고 그 위로 수북하게 쌓아 올려서 줘요. 그러고도 한주먹씩 더 집어 주고. 그래서 동네 사람들이 항상 우리 집으로 먼저 와요. 덕분에 인심을 잃지는 않았던 것 같아요. 지금은 가끔 생각합니다. 그래도 그때 아버지가 인색하게 하지 않고 복을 지으셨구나. 내가 아버지 공덕으로 밥 먹고 살고 있구나."

이오순은 어린 자식들까지 떼어놓고 낯선 도시로 가 죽을 고생을 해서 돈을 벌었다. 돈 한 푼 벌지 못하는 가장이 인심이 후하면 자식들이 배를 곯아야 했다. 남편이 인색한 사람이 아니라는 것은 알고 있었다. 하지만 다른 사람들에게 인심을 쓰고 자식들은 굶겼구나 생각하자 괘씸하다는 생각이 들었다.

3부

서울, 희망과 고난

## 서울 행상 6년 만에 마련한 땅 한 뙈기

　행상들은 세창상회에서 물건을 사야 했다. 돗자리, 소쿠리, 대바구니와 같은 생필품들의 원가가 얼마인지는 모른다. 사장은 자신의 이익을 원가에 포함하여 물건을 넘겼다. 행상들은 사장이 내라는 대로 돈을 주고 물건을 받았다. 팔 때는 사장에게 산 것보다는 비싸게 팔아야 이익을 남길 수 있는 구조였다. 얼마를 받을지는 각자가 정했다. 종잣돈이 없는 사람들은 사장에게 빚을 지고 장사를 시작했다. 대부분은 어떻게든 돈을 구해서 물건을 샀다. 이자가 얼마나 붙을지 알 수 없기 때문이었다.

　이오순은 어린 광영을 업고 분밭댁이 빌려준 종잣돈으로 물건을 사서 머리에 이었다. 이오순의 정수리는 머리카락이 다 빠져 피부가 맨들맨들했다. 어려서부터 머리에 임(짐의 전라도 사투리)을 이고 장사를 했다. 언젠가부터 정수리에는 머리카락이 나지 않았다. 그 동그란 부위는 점점 커지고 있었다. 머리에서 임을 내리면 정수리의 맨살이 훤히 드러났다. 출산 후에 산후조리도 제대로 하지 못하고 새우젓 항아리를 이고 장사할 때부터 탈모가 시작되었다.

　이오순은 추석 무렵 신촌마을로 내려갔다가 이듬해 정월 설을 쇠고 다시 서울로 올라갔다. 짧으면 두 달 길면 석 달을 신촌마을에서 지냈다. 그럴 때 가끔 담양으로 죽세공품을 보러 갔다. 담양은 죽세공품 특산지였다. 대나무로 대자리, 키, 주걱, 참빗, 부채, 도시락 바구니, 광주리까지 거의 모든 생필품을 만들었다. 원가를 알아보기도 하고, 다양한 죽세공품을 구매하기 위해서 장이 서는 날 간 것이다. 찬영을 길동무 삼아 데리고 간 적이 있었다. 그가 그때의 이야기를 들려주었다.

"그때 어렸을 때인데, 추석에 내려오신 어머니가 담양까지 죽세공품을 상담하러 간 적이 있어요. 엄청 먼데 걸어서 갔어요. 죽세공품 상담하러. 먼 길이라서 말동무 삼아 데리고 가신 것 같아요. 물건을 주문했는지, 그것까지는 모르겠어요."

해를 거듭할수록 이오순의 발걸음은 무겁기만 했다. 광영이 점점 자라서 업고 다니기 힘들었다. 그렇다고 광영까지 신촌에 두고 갈 수는 없었다. 영숙이 집안 살림을 돌보고 있었다. 누구라도 가족들을 돌봐야 했다. 겨우 열서너 살 어린 딸에게 가사노동을 맡겨야 하는 신세가 한스럽기만 했다. 신촌마을에서 영숙이와 가장 오래 함께 살았던 찬영이 송영숙의 이야기를 들려주었다.

"누님을 생각하면 가슴이 좀 아파요. 그때 누님이 초등학교에 입학을 했는데, 학교에 가지는 못했어요. 아버지가 학교에 못 가게 하면서 가방이랑 책을 불구덩이로 다 던져버렸어요. 왜 그렇게 했는지 모르겠어요. 그래서 누님은 초등학교도 다니지 못했어요."

이오순은 자식들을 떼어놓고 서울로 갈 때마다 가슴이 답답했다. 자식들을 먹이고 가르치고 잘 키우려고 장사를 시작한 것이었다. 그런데 한영은 어디에서 무엇을 하는지도 모른다. 영숙은 아버지가 학교에 못 가게 하자 밖으로 나돌았다. 남편은 그런 꼴을 나무라며 영숙을 구박했다. 다행인 것은 선영이는 공부 욕심밖에 없었고 찬영은 혼자서도 잘 놀았다. 자식들을 생각하면 하루도 마음 편한 날이 없었다.

이오순은 서울에 있는 동안은 오로지 돈 벌 생각만 하기로 했다. 신촌마을에서 외로움을 견디며 자신만 기다리고 있는 자식들 생각에 사로잡히지 않으려고 쉴 새 없이 다그쳐 걸었다. 남들처럼 해서는 어린 자식들을 먹이고 가르치기 힘들 것이라는 판단도 했다. 가가호호 방문하다 보면 그 집에 필요한 물건이 무엇인지 파악할 수 있었다. 다음 방문 때는 그 물건을 이고 가서 팔았다. 주인은 꼭 필요한 것이었다며 반가워했다. 새로운 물건도 같은 방식이었다. 잠시도 게으름을 피울 수 없었다.

서울의 정월 추위는 매서웠다. 얼어붙은 길바닥에 고무신이 딱 달라붙어서 떨어지지 않았다. 머리에는 큰 물건 보따리를 이고 광영을 업고 꽁꽁 언 길 위에서 발걸음을 뗄 수 없을 때의 공포는 말로 표현하기 어려웠다. 넘어지면 등에 업은 아이도 물건도 자신도 안전하지 못할 것이었다. 한참을 몽그리다가 조심해서 빙판길을 벗어나면 온몸에 땀이 쭉 흘렀다.

행상은 단골을 얼마나 많이 확보하느냐가 성공의 열쇠였다. 단골은 그냥 만들어지는 것이 아니었다. 물건이 새롭고 좋아야 했다. 생필품은 사치품과 달리 필요해야 샀다. 집에 있는 물건을 또 사게 하려면 색다른 기능이 필요했다. 새로운 물건은 날마다 생산되는 것이 아니었다. 쓰던 물건을 바꾸게 하는 것도 방법이었다. 이 정도 되려면 그 집을 잘 알아야 했다. 안주인과 친해지는 수밖에 없었다. 간단했다. 일손을 보태는 것이 가장 빨랐다. 골목마다 크고 작은 집안일 없는 집이 없었다. 이오순은 그런 집을 그냥 지나치지 않았다. 물건을 사주지 않아도 팔을 걷어붙이고 도왔다. 큰일이 예정되어 있는 집에는 하루 장사를 접고 그 집 일을 도왔다. 아무 조건 없는 투자였다. 이오순의 전략은 효과가 있었다. 단골이 점차 늘었다. 찬영은 이오순이 '장사 참 잘했다'는 이야기를 들었다며 전해주었다.

"장사할 때도 어머니 인품이 뒷받침이 됐다고 생각해요. 장사 수완도 좋았지만 이분이 사람들하고 소통을 잘해. 배움도 없는 분인데 읽는 것도 잘하고 산수도 잘해. 그러니까 물건 팔면서 계산도 똑 부러지게 잘하시고. 장사를 잘하셨대요."

장사를 시작한 지 6년 만에 청풍동 잣고개 근처에 밭을 세 마지기 샀다. 땅 한 평 없이 살아온 설움을 씻고 싶었다. 농사지을 사람이 없는데도 밭을 샀다. 남편은 농사지을 사람은 아니었다. 누군가에게 소작을 줄 수도 있다고 생각했다. 아끼고 아껴서 땅을 산 것은 '고생의 흔적'을 남기고 싶어서였다. 시골 밭 세 마지기는 살 수 있었지만 서울에 방 한 칸을 얻기에는 부족했다. 그래도 대단한 일이었다. 송막동의 며느리 김효지는 이오순이 밭을 산 과정을 잘 알고 있었다.

"무등산 잣고개라는 곳이 있어요. 아주 크고 높은 고개였는데, 고개 길목 좋은 데다가 밭을 산 거예요. 대단하지요. 다들 부러워했어요. 그런데 농사지을 사람이 없잖아요. 그러던 차에 시동생(똥물 먹여서 살려놓은 시동생)이 시골로 들어오겠다고 그런 거지. 먹고살기 어려우니까 농사짓겠다고. 이러저러한 끝에 그 작은아버지가 그 땅에 농사를 지었어요."

## 골목길 인심을 사로잡은 장사수완

　세창상회를 나선 이오순은 무조건 길을 따라 걸어갔다. 청계천을 따라 걷다가 동대문 사거리를 지나 창신동까지 걸어간다. 물건을 하나라도 더 팔려면 부촌으로 가야 했다. 무작정 길을 따라 걸었다. 걷다 보니 산동네였다. 좁은 길 양쪽으로 게딱지처럼 다닥다닥 붙어 있는 판자촌이 나왔다. 사람이 살지 않는 곳처럼 조용했다. 사람의 흔적은 악취로 알 수 있었다. 온갖 생활의 냄새가 뒤섞여 숨을 쉬기가 불편할 정도였다.
　1960년대 서울은 일제강점기와 전쟁 이후의 폐허가 된 도시를 새로 건설하느라 바빴다. 한강을 개발하고 청계천에 제방을 쌓는 공사가 한창이었다. 서울은 하나의 거대한 건축공사장 같았다. 도시 개발 바람을 타고 농촌인구가 대규모로 유입됐다. 돈 한 푼 없이 서울에 도착한 이주민들은 산동네에 거적이나 판자로 바람만 막은 집에서 기거하면서 날품을 팔아 먹고살았다. 산동네를 기웃거리며 생각했다. '판자촌에서도 밥해 먹고 살 텐데. 바구니 하나쯤 필요하지 않을까?' 생각은 했지만 돗자리 사라는 말은 해보지도 못했다. 동료들과 함께 다니면 낫겠다 싶었다. 분밭댁이 말렸다.
　"두 사람이 같이 가면 누구 물건을 사겠어? 물건이 좋고 싸면 사겠지. 그런데 진실은 그렇지 않아. 마음에 든 사람 물건을 사게 되어 있어. 물건이 아니라 사람을 본다고. 돈 벌려고 장사하는 데 비교까지 당해야겠어?"

분밭댁 말처럼 행상은 경쟁이었다. 혼자 가야 했다. 동무 삼아 함께 다닐 수가 없었다. 아침에 길을 나서면 뿔뿔이 흩어졌다. 낯선 길을 걸어가서 낯선 사람과 만나 물건을 파는 일은 쉽지 않았다.

어느 날 한옥이 줄지어 선 동네에 들어섰다. 마침내 산동네에서 벗어난 것이다. 날씨가 따뜻해지자 대문을 활짝 열어두는 집들이 많았다.

"소쿠리 사려~~ 돗자리 사려~~~"

이오순이 외치면 안주인들이 대문 밖으로 나와 물건을 구경했다. 마당으로 들어오라고 하는 사람도 있었다. 이오순은 마당 가운데 놓여 있는 평상에 물건을 내려놓고 광영에게 젖을 먹였다. 어린애까지 데리고 고생한다며 물을 주기도 하고 떡을 주기도 했다. 이오순은 목을 축이며 속으로 생각했다. '소쿠리를 사주지.'

제대로 끼니를 때우지 못하고 골목을 걷다 지치면 남의 집 대문 앞에 쪼그려 앉아 쉬었다. 어디선가 짜장 볶는 고소한 냄새가 났다. 꼬르륵 소리가 천둥소리처럼 크게 들렸다. 광영도 배가 고픈지 찡찡거렸다. 광영을 돌려 안고 젖을 물렸다. 젖이 제대로 나올 리 없었다. 짜장면 한 그릇이 20원이었다. 크고 작은 광주리를 대여섯 개는 팔아야 짜장면 한 그릇을 먹을 수 있었다. 이오순은 긴 골목 어디에선가 풍기는 짜장 냄새를 깊이 들이마셨다. 신촌에 있는 자식들이 생각났다.

그때 닫힌 대문이 열리더니 주인이 나왔다. 주인은 이오순 모자 곁에 앉아서 고향이 어디냐, 아기는 몇 살이냐, 힘들겠다는 소소한 이야기들을 물었다. 주인은 모자를 그냥 지나치지 못하겠는지 집으로 들어오라고 했다. 지칠 대로 지친 모자는 망설일 염치조차 없었다. 물이라도 한 그릇 얻어 마실 요량으로 들어갔다. 이야기는 계속되었다. 주인과 같이 점심을 먹었다. 배가 부르자 밥값을 해야 한다는 생각이 들었다. 이오순은 팔을 걷어붙이고 마당 한가운데 자리한 수돗가로 갔다. 함지박에 담겨 있는 빨래를 후다닥 빨아서 빨랫줄에 널었다. 마루도 재빠르게 훔쳤다. 걸레를 빨아 기둥 옆에 뒀다. 주인은 그동안 광영을 안고 얼렀다. 이오순은 광영을 업고 광주리 보따리를 이고 다시 길을 나섰다. 운이 좋은 날이었다. 이 집은 이오순의 단골이 되었다. 그때 서울 골목길의 인심은 이오순에게 살아갈 힘을 주었다. 안주인들은 물과 간식을 내주며 말을 걸었다. 이오순은 그 집안의 자잘한 행사들을 듣게 되면 기억했다가 일손을 보탰다. 그런 집들은 단골이 되었다.

세창상회에서는 한여름이면 더위를 피해 단체로 나들이를 갔다. 모두 시골에서 올라온 아낙네들이라서 서울 구경을 하고 싶어 했다. 상회 총무도 나들이 가는 날은 물건을 내지 않았다. 장사를 하루 쉬는 것이다. 분밭댁도 쉴 때는 쉬어야 한다며 함께 가자고 했다. 이오순은 망설였다. 외상값을 받으러 가야 했다. 추석이 돌아오고 있었다. 신촌에서 기다리고 있는 가족들을 생각했다. 여기저기서 돈을 빌려 생활에 필요한 것들을 사서 쓰고 있을 것이다. 한가하게 놀이를 떠날 수 없었다.

이오순은 종로로 외상값을 받으러 갔다. 혼수품으로 대자리를 주문한 집이었다. 손님들이 왔는지 북적북적했다. 혼삿날은 11월이라고 들은 기억이 났다. 때가 아닌가 싶어 돌아가려는데 집주인이 들어오라고 했다. 시부 기일이라서 친척들이 다 모였다고 했다. 이오순은 팔부터 걷어붙였다. 수돗가에 놓인 함지박에 배추를 절이고 있었다. 만져보니 배추대가 말랑했다. 그녀는 배추를 씻어서 넓적한 소쿠리에 올려 물을 뺐다. 자신이 판 소쿠리였다. 마루에서 서너 명의 여인들이 전을 부치고 있었다. 노릇하게 익은 전을 석작에 차곡차곡 담았다. 그것도 자신이 판 물건이었다. 시집가는 딸 혼수품 중에 대나무 제품은 모두 이오순에게 주문했다. 대나무 발, 시부모에게 드릴 부채, 밥주걱, 참빗…. 그녀가 일손을 거드는 동안 광영은 그 집 마루를 마음대로 기어 다니며 손에 잡히는 대로 주워 먹었다. 여인네들이 부드러운 음식을 입에 넣어주기도 했다. 가끔 광영을 살펴보며 김치를 담갔다. 무를 채 썰고 조림할 생선을 다듬어 씻었다.

점심때가 지나서야 그 집에서 나왔다. 전과 김치 봉투를 들려주었다. 광영이 간식도 싸주었다. 외상값은 다음에 주겠다고 했다. 아쉬웠다. 온몸이 땀에 젖어 후줄근했다.

합숙소 다락방에 도착하자 동료들도 돌아와 있었다. 한여름 합숙소는 한증막이었다. 차라리 밖이 더 시원했다. 얻어온 김치와 전으로 잔치를 벌였다.

"김치 맛있다. 언니가 담갔어요?"

누군가 묻자 분밭댁이 대답했다.

"광영 어미가 음식 솜씨가 좋아."

얼마 전에 행상에 합류한 송막동의 며느리 김효지도 거들었다.

"우리 동네에서도 유명했어요. 음식 솜씨 좋기로."

이오순은 칭찬이 부담스러워 말을 끊었다.

"피서는 어땠어요?"

"좋지, 좋았지. 날마다 그렇게 놀면 좋겠더만."

누군가가 부채를 활활 부치며 대꾸했다. 합숙소에 웃음판이 벌어졌다.

"날마다 놀지 않아도 좋네. 지긋지긋한 끼니 걱정하지 않아도 되니 좋아. 찬거리도 없는데 웬 끼니는 그렇게 자주 돌아오는지 몰라. 새끼들이 굶을 것 생각하면 마음 아프지마는 그래도 좋네."

합숙소는 금세 풀죽처럼 가라앉았다. 그녀들은 고향에 두고 온 자식들 생각을 하는 것이다. 저도 모르게 광영에게로 시선이 모였다. 마치 자신의 자식을 바라보는 것처럼 애잔한 눈길이었다. 광영은 불룩한 배 위에 두 손을 얹고 잠들었다. 분밭댁이 광영에게 살살 부채질을 했다. 모처럼 합숙소 다락방이 화기애애했다. 모기와 더위도 견딜 만했다.

## 남편을 보내고 아이들도 서울로

1962년, 막내아들 광영이 4살이 되었다. 더 이상 업고 다니기 힘들었다. 광영은 작달막했지만 통통했다. 업혀 다니는 것보다 뛰어다니고 싶어 했다. 신촌마을에서는 마음껏 뛰어다닐 수 있을 것이라 생각했다. 백일 만에 헤어진 아버지, 형, 누나와 함께 살 기회이기도 했다. 이오순은 광영도 신촌으로 내려 보냈다.

1964년 어느 날, 세창상회 사무실로 남편 송판금의 부고 전화가 당도했다. 남편의 나이 쉰세 살, 이오순의 나이 서른여덟 살 때였다. 이오순은 부랴부랴 광주로 내려갔다. 이오순이 도착했을 때 남편은 덕봉산 자락에 묻힌 뒤였다. 남편의 임종은 어린 자식들이 지켰다. 찬영이 아버지의 임종 순간을 기억하고 있었다. 그의 나이 열 살 때였다.

"내가 초등학교 3학년 때, 광영이 여섯 살 때였어요. 아버님이 밤새 비명을 지르더라구요. 아버님은 그날 아파서 돌아가셨어요. 근데 3학년인 내가 뭐 대처할 저기도 없고 그냥, 아무것도 못 해보고 아버님은 눈뜨고 돌아가셨죠."

이오순은 남편의 장례가 어떻게 치러졌는지 들었다. 한영은 아직 집에 돌아오지 않았다. 열세 살인 둘째 아들이 상주 노릇을 했다고 했다. 영숙이가 열다섯 살로 나이가 더 많았지만 여자라서 어린 상주 뒤를 따라갔다. 모두 다 어린아이들이었다. 시동생 송종철과 동네 사람들이 남편의 장례를 도왔다고 했다. 선영은 큰형도 집에 없고 어머니도 서울에서 아직 당도하지 않은 상태에서 아버지의 장례를 치렀던 이야기를 전해주었다.

"아버지 돌아가실 때 나는 중학교 입학 준비한다고 외숙댁에서 살고 있었어요. 그런데 아버님이 그렇게 돌아가시고 나니까, 형은 연락이 안 되고 그래서 내가 상주가 되어서 장사를 지내는데, 그때 돈이 한 푼도 없으니까 상여를 못 빌리고 관만 어떻게 마련해서 장지로 옮기는데, 엄청 힘들어하셨어요. 관 메고 가시는 분들이. 아버지가 원래 뚱뚱하신 데다 사람이 죽으면 더 무겁다면서 힘들어하셨어요. 그때 이제 상주 뒤로 누나가 따라오고, 동생도 따라오고. 그런데 다 어리니까 죽음이 뭔지, 슬픈지 어쩐지도 모르는 거예요. 장례는 상여가 있고, 또 사람들이 모여서 울기도 하고 음식도 나누고 하면서 북적북적하잖아요. 그런데 그런 것 아무것도 없이 썰렁하게 어린 우리만 따라가니까 그것이 좀 가슴에 맺혔어요…. 지금도 그때의 그 쓸쓸하던 모습이 강렬하게 남아 있어요."

이오순은 또 한 번의 결단이 필요한 상황에 직면했다. 어린 자식들만 남겨두고 장사를 하러 가야 했다. 남편은 아무 일도 하지 않고 자식들의 보살핌을 받는 존재였다. 무용한 존재라고 생각했는데 그 빈자리가 컸다. 그렇다고 당장 모두 데리고 서울로 올라갈 수도 없었다. 살 집이 없었기 때문이다. 함께 살 공간을 마련할 때까지는 자식들만 신촌마을에 남아야 했다. 중학교 입시 준비를 하고 있던 선영은 광주에서 중학교를 마치고 서울로 상경하기로 했다. 신촌마을의 살림은 또다시 영숙에게 맡겼다. 찬영과 광영을 돌보는 일도 영숙의 몫이었다. 찬영은 둘째 형의 공부 욕심이 유난했다고 했다. 아버지가 돌아가시고 엄마는 다시 서울로 돈 벌러 떠나야 할 상황에서 어린 삼 남매만 집에 남게 되었을 때도 선영은 분토마을 외숙 집에서 계속 공부하기로 했다. 시동생이 신촌마을 집에 오가며 아이들을 돌봐주기로 했다. 서울에 집을 마련할 때까지는 다른 방법이 없었다. 찬영의 기억이다.

"둘째 형이 공부도 잘하고 잘 생겼어요. 공부 욕심이 많았어요. 그런데 그때 돈 한 푼도 없는데 어떻게 중학교를 보내요. 그래도 어머니는 돈 없다는 말 한마디도 안 하시고 중학교에 가서 공부하라고 하셔요. 작은형이 공부하는 동안 어머니가 돈 벌어서 필요한 교육비 보냈겠지요. 둘째 형은 3년 동안 무등산 잣고개를 넘어 중학교에 다녔어요. 잣고개가 무서운 곳이었거든요. 깡패도 많고 그랬는데. 그때 광주 작은아버지(송종철)가 청풍동 집에 왔다갔다 하면서 우리를 돌봐줬다고 하는데, 기억이 잘 안 나요. 작은아버지는 술주정이 심했고, 우리를 돌봤는지 어쨌는지는 잘 모르겠고…, 그때 어떻게 견뎠는지 모르겠어요."

이오순이 서울로 가고 없을 때 신촌마을에 남아 있던 어린 자식들의 생활은 말로 다할 수 없었다. 영숙은 밥만 해놓고 밖으로 돌아다녔다. 집에는 찬영과 광영만 있을 때가 많았다. 찬영은 성격이 느긋한 성격이라서 부모의 돌봄이 없는 시간들을 살아냈다는 생각이 들었다. 한영과 영숙은 답답한 것을 견디지 못하는 성격이었다. 성격대로 밖으로 돌아다니며 활발하게 살았다. 자식들은 제각각 달랐고 제 성정대로 자랐다. 이오순은 명절에만 다니러 가던 신촌마을에 더 자주 왔다 갔다 했다.

이오순에게 자식들을 서울로 데리고 와서 살림을 합치라고 권한 사람은 분밭댁이었다.

"학동댁. 자네 혼자 서울과 광주를 오가면서 자식들은 어떻게 가르치려고 하는가? 길이 먼 것도 그렇지만, 여기 서울 사람들 보소. 오로지 자식 교육에 목매달고 살잖아. 자식이 희망이야. 살림 합치소. 서울에서 가르쳐. 애들도 얼마나 고생인가."

이오순의 생각도 같았다. 언제까지나 자식들을 떼어놓을 수는 없었다. 신촌에 내려가서 농사를 지을 생각은 더더욱 없었다. 농사지을 땅도 없었지만 이촌 행렬은 사회현상이 되었고 농촌은 이미 도시로 빨려들어 가고 있었다. 다들 서울로 올라오는 데 반대로 내려갈 이유가 없었다.

하지만 서울에서 집 한 칸을 마련한다는 것은 대단히 어려운 일이었다. 집이 없는 사람들은 대부분 전세로 살았다. 가족이 많으면 수도요금도, 화장실 사용료도 더 내야 했다. 공과금을 사람 수대로 내는 것은 그렇다 치더라도 6개월마다 전세를 올려주어야 했다. 전세를 올려주지 못하면 그보다 더 싼 전세로 이사를 가야 하는데 그런 집을 찾기가 쉽지 않았다. 이오순은 1959년 처음 서울에 올라왔을 때 봤던 산동네 판잣집을 떠올렸다. 집을 얻을 방도가 없는 상황이라서인지 그때 봤던 판잣집마저도 부러웠다. 서울은 집 가진 사람이 왕이었다. 전세를 올려줘도 주인이 나가라고 하면 꼼짝없이 나가야 했다. 그런 사정을 잘 알고 있는 분밭댁이 지나가는 말처럼 한마디 했다.

"합숙소에서 같이 살면 되잖아."

이오순은 머릿속에 반짝, 불이 켜지는 것 같았다. 왜 그 생각을 못 했을까.

1965년 2월경 영숙, 찬영, 광영을 먼저 서울로 데리고 왔다. 광영이 초등학교에 들어갈 나이가 되어 종로구 효제동 효제초등학교에 입학했다. 찬영도 효제초등학교 4학년으로 전학했다. 영숙은 학교에 다니지 않기 때문에 청계천 봉제공장에 취직했다. 광주에서 중학교에 다니던 선영과 아직 집으로 돌아오지 않은 한영은 함께 이주하지 못했다. 선영은 중학교를 마치고 서울로 올라오기로 했다. 찬영은 엄마와 함께 살게 되어 기쁘고 설레는 마음으로 서울로 향했다. 난생처음으로 기차를 타고 대도시로 향했다. 찬영은 덤덤하게 그때의 기억을 전해주었다.

"아버지 돌아가시고 얼마 동안은, 아버지도 안 계시고 어머니도 안 계신 채로 살았어요. 광주에 사시던 작은아버지(송종철)가 돌봐주셨다고 하는데 기억이 잘 안 나요. 얼마 동안, 한 6개월쯤 부모 없이 살다가 이제 4학년 때 서울로 갔는데, 야간완행열차를 타고 갔어요. 워낙 먹은 것이 없다 보니까 비실비실했어요. 멀미를 해서 오지게 오바이트도 하고. 용산역에 내렸어요."

서울로 돌아온 광영은 합숙소 생활에 금방 적응했다. 어려서 함께 살았던 기억이 있어서 적응하기가 더 쉬웠을 것이다. 예전에 함께 일했던 행상들이 떠나고 새로 온 사람들이 많았지만 광영은 금세 낯을 익혔다. 찬영에게 텃세를 부리며 싸움을 걸었다. 찬영은 광영이 어려서부터 어머니랑 살았던 공간이라 텃세를 부리는 것이라 생각했다. 엄마가 있을 때 더 거칠게 싸움을 거는 동생을 느긋하게 지켜보기만 했다. 보다 못한 이오순이 광영을 나무랐다. 찬영은 오히려 어머니를 말렸다.

"동생이 여기서 살 때 어머니를 독차지했는데 내가 끼어드니까 싫은가 봐요"

찬영은 어른스럽게 동생을 이해했다. 힘든 것은 합숙소 다락방 생활이었다. 다락방의 불편함과 추위 때문에 고생한 기억이 생생하다고 했다.

"서울로 이사를 와서 세창상회 합숙소 생활이 시작되었는데, 그때 한영 형님은 없었어요. 누나도 서울로 올라왔는데. 청계천 봉제공장에 취직해서 거기 합숙소에서 살았어요. 서울에서는 누님하고 같이 살지 못했어요. 주로 어머니하고 동생하고 나하고 살았어요. 세창상회에서 1년 살았어요. 세창상회에서 사는 동안 발에 동상 걸리고…, 추위 때문에 고생 좀 했어요, 그러다 동숭동 산동네로 이사를 갔어요."

선영이 1968년 2월에 광주에서 중학교를 졸업하고 올라와 고등학교에 입학했다. 식구가 더 늘어나자 세창상회에서 계속 살 수 없었다. 집을 얻어 옮겨야 했다. 신촌마을 석곡천 가에 있던 2칸 초가집은 시동생 송종철에게 양도했다. 열일곱 살에 시집와서 살기 시작했던 신촌마을을 25년 만에 떠났다.

그 무렵 세창상회에서 함께 살았던 분밭댁이 동숭동 산동네로 이사를 갔다. 송막동의 며느리 김효지도 동숭동으로 집을 옮겼다. 김효지는 시골에 있던 논밭을 처분해서 낙산 중턱에 새로 지은 시민아파트에 입주했다. 낙산 아파트 개발은 서울로 밀려드는 농어촌인구로 심각한 주택난을 겪고 있던 서울시가 안전과 위생문제를 해결하기 위해 시작했다. 이오순이 막 서울에 올라왔을 때 봤던 판자촌이 있던 곳이었다. 이오순은 분밭댁과 김효지를 따라 동숭동 산동네로 이사했다. 방 한 칸을 전세로 얻어 들어갔다.

하지만 식구가 많아서 전세살이가 쉽지 않았다. 강북구 삼양동 산동네 꼭대기에 열 평 정도 되는 집을 사서 옮기기로 했다. 집을 사기 위해서 신촌마을 잣고개에 사두었던 밭을 팔았다. 그동안 모아둔 돈도 보탰지만 부족해 방 한 칸은 세를 놨다.

가족이 모두 서울로 이사한 후 찍은 가족사진
앞줄 왼쪽부터: 송광영, 송영숙, 이오순, 송선영 / 뒷줄: 송찬영

이오순은 기와집도 아파트도 부럽지 않았다. 전세살이의 서러움에서 벗어나게 된 것이다. 고만고만한 아이들 데리고 전셋집을 얻으러 다니는 서러움은 이제 겪지 않아도 되었다. 식구 많다고 세를 주지 않는 것도 문제였지만 수도료, 화장실 사용료, 전기료 등 공과금으로도 신경전이 끊이지 않았다. 시도 때도 없이 방 빼라는 겁박을

들지 않으니 살 것 같았다.

"둘째 형이 고등학교에 입학하려고 서울로 올라오니까 집을 산 거였어. 아주 위쪽은 아니지만 그래도 산꼭대기 동네인데 나는 또 물지개를 졌어. 시골에서도 나뭇짐을 져다가 불 때서 밥 해먹고 그랬는데, 서울에서도 5학년짜리가 물지개를 진 거지. 집에서 100미터 정도 떨어진 공동 수도에서 물을 져 나르는 거야. 그리고 또 한 가지는 사과 궤짝에다 연탄재 담아가지고 언덕 아래로 지고 내려가. 줄 서서 기다리다가 쓰레기차가 오면 버리는 것이었어. 이 두 가지 일을 선영이 형하고 나하고 둘이 했지. 우리 집에 두 가구가 살고 있었는데, 방 하나에 한 가구씩. 건넌방에 살던 사람이 연탄가스에 중독이 돼서 실려 나가고 막 그랬지."

-셋째 아들 송찬영

　버스에서 내려서 한참을 걸어 올라가야 하는 산꼭대기에 집을 장만하고 한시름 놨지만 여전히 가난했다.
　서울의 주택난을 해소하기 위해서 아파트가 들어서면서 생활문화도 달라지기 시작했다. 좌식 문화가 입식 문화로 바뀌기 시작했다. 아파트나 새로 짓는 주택에 보일러를 놓았다. 하지만 가난한 산동네 판자촌 사람들은 여전히 연탄을 땠다. 연탄가스의 위험이나 연탄재를 내다 버리는 불편함은 어쩔 수 없이 감당해야 했다. 마을 공동

수도에서 물을 길어다 먹었고 공동화장실을 사용했다. 아침이면 공동화장실 앞에 길게 줄을 서서 차례를 기다리는 진풍경이 벌어졌다.

이오순은 하루도 빠짐없이 행상 길에 나섰다. 이오순이 다니는 길은 반듯하고 밝은 길이 아니었다. 가파르고 어둡고 울퉁불퉁한 거친 길이었다. 1959년 1월에 백일 된 광영을 업고 서울로 올라온 지 10여 년 만에 산꼭대기에 방 두 칸짜리 집을 장만했다. 이오순은 집을 나서기 전에 하늘을 바라보는 습관이 생겼다. 날씨를 가늠하기 위해서였다. 하늘엔 먹구름이 몰려다녔다. 눈이 내릴 것 같았다. 바람도 거세게 불었다. 봄이지만 아직 봄이 아니었다. 한겨울 찬바람만 할까 싶지만 봄을 시샘하는 추위는 날카롭고 독했다. 고무신이 얼어붙은 길바닥에 붙어서 떨어지지 않던 그 겨울의 추위만 하랴. 이오순은 마음을 다잡고 단골이 주문한 물건을 이고 집을 나섰다. 한 걸음 한 걸음 힘을 주어 걸었다. 미끄러지면 큰일이었다. 가파른 언덕을 벗어나 평지에서 살려면 돈을 더 많이 벌어야 했다.

"그러다가 또 몇 년 뒤에 돈암동 삼선교로 이사했잖아. 이제 더 좋은 데로 이사를 한 거지. 집도 더 크고 방도 4개고. 거기도 산동네인데 꼭대기에서 좀 더 아래로 내려왔어. 그때도 돈이 부족하니까 방 2개는 세놓고 그 돈을 합쳐서 더 큰 집을 산 거예요. 대단한 거였어요, 행상해서 집을 넓혀간 거잖아요. 얼마나 열심히 했겠어요."

-송막동의 며느리 김효지

## 시대의 변화를 절감하다

1970년대 들어서면서 본격적으로 산업화가 시작되었다. 1960년대부터 일자리를 찾아 농촌을 떠난 이주민들이 급격하게 늘어났다. 값싼 임금과 널려 있는 노동력으로 개발은 속도를 냈다. 전쟁으로 파괴된 도로와 공장, 가옥, 다리, 발전소가 빠르게 복구되었다. 외국차관과 기술력이 투입되어 도시의 기반시설이 건설되었다. 한강과 하천 제방 구축도 계속되었다. 홍수에 대비한 공사였다. 나오다 안 나오다 하던 수도도 점차 좋아졌다. 돌산을 깎아 지은 산동네는 여전히 공동수도에서 물을 길어다 먹었다. 원료를 수입해서 제조한 플라스틱 제품도 쏟아졌다. 대나무, 나무껍질, 짚, 풀로 엮어 만들던 생활필수품은 점차 플라스틱 제품으로 대체되었다.

그즈음 대문이나 방을 가리는 용도로 대나무 발을 걸기 시작했다. 바구니나 소쿠리보다 훨씬 무거웠지만 값이 비싸서 이익은 더 컸다. 강화도 화문석, 대자리, 왕골 돗자리 같은 큰 물건은 이고 다니면서 팔 수 없었다. 샘플을 보여주고 주문을 받아서 공장에 주문을 냈다. 공장에서 배달해주기도 하고 이오순이 직접 찾아와서 배달하기도 했다.

판매하는 물품이 비싸고 고급스러워지자 단골도 부잣집들이 많아졌다. 오죽으로 만든 소풍 가방은 10만 원이 넘었다. 쌀 80kg 한 가마니에 3천 원 하던 때였다. 10만 원이면 가족들이 1년 내내 쌀밥을 먹고도 남을 돈이었다. 고급스러운 발은 오동나무 통에다 넣어서 판매했다. 실처럼 가는 대나무 발을 나뭇결이 은은하고 향이 좋은 오동나무 통에 넣으면 더 비싸졌다. 오동나무 통 때문에 상품도 더 가치 있게 보였다. 돈 많은 회장 사모님은 그런 발을 한 개도 아니고 몇 개씩 샀다. 그것만이 아니었다. 부자들은 마루에도 안방에도 건넌방에도 화문석을 깔았다. 한여름에는 방마다 비싼 모시이불을 두고 덮었다. 서민들은 꿈도 꾸지 못할 풍경이었다.

1970년대에 불티나게 팔린 물품은 밍크 담요와 스테인리스 그릇 세트였다. 혼수용품으로 최고 인기가 좋았다. 물건을 들고 가면 혼기가 찬 딸은 물론 어린 딸이 있는 집에서도 미리 장만해 두겠다며 주문을 하곤 했다. 이때 이오순은 발바닥이 닳도록 물건을 이어 날랐다. 주문이 쏟아지자 즐거웠다.

서울의 한겨울 추위는 항상 매서웠다. 설이 지났으니 곧 봄이 오겠지 하는 마음으로 버텼다. 서울이 발전하면서 인심도 예전 같지 않았다. 동대문시장이나 종로시장 만물상에는 양은그릇, 플라스틱 그릇이 산더미처럼 쌓였다. 행상은 점점 어려워졌다. 집으로 직접 가져다준다는 것 말고는 차이점이 없어서 더욱 힘들었다. 시장에서 파는 물건과 완전히 차별화할 필요가 있었다. 합숙소 생활할 때부터 고민한 문제였다.

"무슨 회사 사장이래. 그 집에 물건 팔러 다니다가 이제 자주 가니까 친해졌는데, 그 집에서 김장을 하더라고. 오순 언니 생각이 나대.

그래서 나도 팔을 걷어붙이고 김장을 거들었지. 김장이 끝나고 뒷설거지까지 해줬지. 그런데 그 집 살림이 전부 양은그릇이나 고무 함지박인 거야. 대나무나 골풀로 만든 건 없어. 이제 어떡하나. 더럭 겁이 나더라구."

누군가 한숨을 내쉬며 대꾸했다.

"그 사장 집에서 파출부라도 살지 그랬어?"

그 말에는 대답하지 않았다. 파출부 일을 시작한 동료도 있었다. 행상보다 훨씬 따뜻하고 돈도 많이 받았다. 무엇보다 먹는 것이 합숙소 다락방과는 차원이 달랐다. 하지만 쉽게 결정하지 못했다. 남의 집에서 밥하고 빨래하고 청소하고 온갖 궂은일을 하다 보면 시골집이 생각났다. 주인집 아이들을 돌보자면 고향에 두고 온 자식들이 눈에 밟혔다. 따뜻한 밥 먹을 때마다 죄를 짓는 것 같았다. 마음 편하게 마음껏 먹는 밥도 아니었다. 차라리 행상이 마음 편했다. 적게 벌어 적게 먹고 살자 싶었다. 돗자리만 팔아서는 밥 먹고 살기 힘들다는 것이 문제였다. 이미 시장에는 싸고 질 좋은 물건들이 즐비했다.

"그런데 우리는 꼭 이런 물건만 팔아야 해? 요즘은 화장품도 팔러 다니더라구."

"나도 들었어. 요즘 방문판매는 화장품이 최고래."

이오순도 만난 적 있었다. 골목을 오가다 가방 메고 집마다 들어가는 사람을 봤다. 양장을 입었고 짧게 자른 머리를 파마한 신여성이었다. 당연히 예쁘게 화장도 했다. 호감이 갔다. 그런 사람을 만나면 '나도 저렇게 될 수 있을 것'이라는 환상을 가질 법했다. 머리에 이고 등에 지고 팔에 걸고 와서 파는 물건들도 필요했다. 하지만 탐나는 물건은 아니었다. 있어도 그만 없어도 그만인 것들이었다. 사치품은 예쁘고 향기가 좋았다.

분밭댁도 본 적이 있다고 했다. 분밭댁은 혼자 조용히 중얼거렸다.
"세상에 공짜는 없어야."
이야기를 나누던 동료들은 약속이나 한 듯 입을 다물었다. 변화가 필요했지만 당장 어떻게 할 수 없는 일이었다. 눈앞에 닥친 일부터 해야 했다. 그 시절에는 돌잔치나 혼례, 제례와 같은 큰 행사를 집에서 치렀다. 부잣집일수록 행사가 많았다. 김장은 하루에 할 수 없기 때문에 며칠씩 계속했다. 일이 끝나면 음식을 나눠주었다. 상하기 직전의 음식들을 인심 쓰듯 줄 때도 있었다. 이오순은 대가를 바랐던 것이 아니라 묵묵히 일했다. 그렇게 단골은 점차 늘어가고 있었지만 세상이 변하는 속도를 따라가지는 못했다. 새로운 상품이 쏟아졌고 싸고 질 좋은 상품들을 진열해놓고 파는 가게들이 도로변을 꽉 채웠다. 이오순은 방문판매의 시대가 지나가고 있는 것을 체감했다. 머리에 이고 다니며 파는 시대가 끝나고 있었다. 시대의 변화에 따라 이오순의 일도 새로운 길을 찾아야 했다.

세창상회 소속 동료들과 제주도 여행
(1973.10.21. 앞줄 오른쪽 두 번째 큰언니 이순임, 세 번째 분밭댁, 가운뎃줄 오른쪽 첫 번째 김효지, 네 번째 이오순)

## 합숙소 다락방

1986년 10월 세상을 떠난 송광영 1주기 추모제를 준비할 때였다. 백일이 갓 지난 막내아들 광영이와 낯선 도시 서울에서 시작한 합숙소 다락방 생활을 떠올리자 가슴이 미어졌다. 이오순은 광영을 업고 서울에 첫발을 디뎠을 때의 착잡한 심정이 떠올라 글로 썼다. 광영도 기억하고 있을까 싶어 추모제에서 읽었다.

합숙소 다락방

그날을 생각하니
가슴이 찢어질 듯한데
눈물은 나지 않는구나

서른세 살 되던 해
손 없는 날 온다고 정월 말
서울로 왔는데

합숙소 다락방엔

얼음으로 방을 장식하고 있는 방
얼음으로 사는 에스키모 방
돈 벌어 잘 살려고 왔는데
어쩌면 죽으러 온 방 같아
처음으로 짐을 주섬주섬

광영이 등에 업고
머리에 이고 지고

첫날 서울 길을 나와보니
큰 차 작은 차 너무 많아
길은 설고 장사할 용기 없던 날
그날을 생각하네

-이오순, 「합숙소 다락방」 전문, 1986년

4부

마디마디 아픈
다섯 손가락

## '엄마'라는 말보다 '돗자리 사려'를 먼저 배우다

 이오순은 머리에 임을 이고 두 손을 뒤로 돌렸다. 광영을 업고 두 손으로 받치던 습관이었다. 광영이 엉덩이가 만져지지 않자 막내아들이 없다는 사실이 더 실감 났다. 광영을 신촌마을에 두고 온 이오순은 한동안 허전함에서 헤어나지 못했다. 그녀의 등에서 하루종일 서툰 말을 쫑알거리던 광영이 그리웠다. 아들의 목소리가 들리는 것 같아서 자주 말대꾸를 하곤 했다.
 이오순은 가벼워진 손과 몸을 주체하지 못해 임을 더 많이 이었다. 등에 딱 달라붙어 있던 자식을 내려놓자 좋은 것이 아니라 외로웠다. 처음 서울로 올라왔을 때도 네 명의 자식들을 떼어놓고 왔었다. 그때도 허전함이 있었다. 그래도 광영이 곁에 있어서 자식들을 다 떼어놓은 고통은 적었다. 광영이 키우랴 장사하랴, 정신이 없기도 했다. 광영까지 떼어놓자 혼자라는 허전함에 막막했다. 이오순은 이른 아침부터 늦은 밤까지 장사에 몰두했다.
 "돗자리 사려!"
 "소쿠리 사려!"
 맥이 풀린 이오순의 목소리는 처량하게 들렸다.
 광영은 '엄마!', '아빠!'보다 '돗자리 사려!', '소쿠리 사려!'라는 말을 먼저 배웠다. 아침에 세창상회를 나서면 이오순을 앞서 골목으로 달려가 차례차례 대문을 두드리며 소리쳤다.

"돗자리 사려!"

"소쿠리 사려!"

귀엽고 또록또록한 목소리였다. 광영은 '나 잘하지?' 하는 표정으로 엄마를 돌아보며 히죽히죽 웃었다. 그런 광영을 칭찬을 해야 할지 꾸짖어야 할지 난감했다. 백일 만에 엄마 등에 업혀 서울로 온 아이였다. 합숙소 다락방에서 어른들과 함께 살아서인지 말을 빨리 배웠다. 눈치도 빨랐다. 어른들의 이야기를 하루종일 듣고 자란 광영은 어떻게 해야 어른들이 좋아하는지 알았다. 제대로 먹이지도 입히지도 못했지만 건강하게 자랐다.

그런데 이오순보다 더 명랑하고 씩씩하게 돗자리 사라고 외치는 광영을 바라보는 이오순의 마음은 착잡했다. 좋은 교육 환경이 아니라고 생각했다. 먹고 살기 급급한 환경에서 보고 배운 것이 '돗자리 사라'는 말이었다. 광영은 이오순의 표정을 살피다 작은 주먹으로 더 세게 대문을 두드렸다. 대문이 열리지 않았을 때의 암담한 심정을 안다는 것처럼. 환경을 바꿔야 했다. 광영을 신촌에 두고 온 것은 잘한 결정이었다. 광영이까지 신촌마을에 두고 온 뒤로 더 자주 식량 살 돈을 보냈다. 죽이든 밥이든 끓여 먹으며 견뎌주기를, 굶지 않기를 간절히 바랐다.

1963년 추석에 신촌에 갔을 때 광영은 모처럼 만난 엄마 품에 안겨서 꼼짝하지 않았다. 벌써 다섯 살이었다. 신촌 집 살림살이는 나아진 것이 하나도 없었다. 남편은 여전히 방 가운데 도인처럼 앉아 있었다. 광주에 제를 지내러 갈 때만 집 밖으로 나갔다. 영숙은 엄마 치맛자락을 잡고 놓지 않았다. 영숙이 누나였지만 겨우 열세 살이었다. 열 살이 된 선영은 비쩍 마른 채 눈만 번들거렸다. 제대로 먹지 못해서였다. 십리 길을 걸어 학교에 다니느라 살이 오를 틈이 없었다. 찬영도 학교에 갈 나이가 되었다. 덩치만 조금 커진 광영은 아직 어린애였다. 엄마 품에 안겨서 누나와 형들을 힐끔거렸다. 일 년 동안 함께 살았던 사이인데도 처음 본 것처럼 낯설어했다.

"우리 막둥이는 누나랑 형들 말 잘 들었어?"

광영은 엄마 얼굴을 쳐다보며 고개를 끄덕였다. 영숙이 엄마 무릎 앞으로 다가앉으며 말했다.

"갑영이랑 골목에서 맨날 씨름하고 놀아."

이오순은 광영이 송막동의 손자 갑영이와 동무가 되어 골목을 마음껏 뛰어다닌다는 말을 들었을 때 마음이 놓였다. 남의 집 대문을 두드리며 소쿠리 사라고 외치는 모습을 보지 않아도 되니 그것도 기뻤다. 배를 곯지 않는다면, 제때에 밥을 먹을 수 있다면 더 바랄 것이 없을 것 같았다. 광영은 잘 놀다가도 밤만 되면 엄마를 찾으며 칭얼거렸다고 했다. 누나의 품에서 상처 입은 강아지처럼 낑낑대다 누나 등에서 잠이 든다는 말을 들었을 때 마음이 아팠다.

한영은 아직 집으로 돌아오지 않았다. 이럴 때 한영이라도 집에 있으면 든든할 터인데 한영은 어디에서 무엇을 하는지 소식 한 장이 없었다. 한영은 1965년 군에 입대할 때 소식이 닿았다.

이오순은 4남 1녀를 두었다. 큰아들 한영은 해방되던 해 12월에 낳았다. 이오순의 나이 열아홉 살 때였다. 삶의 고통 중에 가장 큰 고통은 배고픔이라고 생각할 때였다. 출산을 하면서 배고픔보다 더 큰 고통이 있다는 것을 알게 되었다. 어떤 시인은 해방되던 해 태어난 자신을 해방둥이라며 사회문화적 의미를 부여했다. 한영도 해방둥이였다. 장손이 태어났다고 시부모님이 좋아했지만 걸음마를 떼면서부터 먹을거리를 찾아 논두렁 밭두렁을 헤맸다. 가난을 물려받은 장손이었다.

한영을 낳았을 때 시어머니가 미역국을 끓여주었다. 장손 한영은 시아버지의 무릎에서 컸다. 넉넉한 집안에서 태어났으면 할아버지의 응석받이로 컸을 것이다. 시아버지는 무엇이든 장손을 먼저 챙겼다. 장손 한영은 초등학교를 졸업하자마자 송막동의 집 머슴으로 들어갔다. 그 전에도 아이들은 송막동과 원산댁 부부를 좋아했다. 할머니 할아버지가 돌아가시고 안 계셨기 때문에 더 그랬을 것이다. 이오순이 서울로 장사하러 간 뒤로는 원산댁을 더 자주 찾아갔다.

"할머니!"

아이들이 달려가면 원산댁은 반갑게 안아주었다. 한영이 송막동의 집에서 뛰쳐나간 이유는 알 수 없었다. 어쩌면 '장남'이라는 굴레를 감당하기 벅찼던 것인지도 모른다. 시아버지와 남편의 기대도 부담이었을 것이다. 남편은 "세상이 멸망해도 하늘님이 장남은 구하러 온다. 우리 집에서는 한영이만 살아남는다"고 했다. 한영은 이해할 수 없었을 것이다. 이오순도 허황한 남편의 말을 비웃었다. 장손 한영이 귀한 존재이기는 했지만 남편의 말은 믿을 수 없었다.

한영은 군대 가기 전까지 한곳에 머물지 못하고 떠돌았다. 아버지의 부고 소식도 전하지 못했다. 여러 가지 일을 했지만 어떤 일에도 마음을 붙이지 못했다. 제대로 보고 배울 기회가 없었던 한영은 기분 내키는 대로 살았다. 1965년에 해병대에 입대했다. 1967년에 베트남 전쟁에 파병되어 1년 6개월 동안 근무하고 전역했다. 이오순이 삼선교에 집을 사서 이사했을 무렵에 베트남에서 돌아왔다. 1971년 한영이 결혼하자 건넌방 세입자를 내보내고 한영부부를 들였다. 며느리는 경상도 상주 사람 김점복이었다. 한영은 특별한 직업이 없었다. 성격이 급한 데다 입이 거칠어서 가족들이 힘들어했다. 나이 들면서 건강도 나빠졌다. 베트남 전쟁에서 얻은 고엽제 후유증이었다. 이오순은 그 무엇보다도 제대로 된 직장을 갖지 못한 것이 항상 걱정이었다. '네 가족은 네가 책임져라'라고 가르치지도 못했다. 초등학교를 졸업하자마자 장손의 책임을 지워 머슴살이를 보낸 아들이었다. 한영이만 생각하면 마음이 아팠다. 이오순이 환갑 가까운 나이에도 장사를 계속할 수밖에 없는 이유이기도 했다. 일찍 부모의 품을 떠나 힘하게 살아온 큰아들 한영은 이오순의 깊은 상처였다.

"우리가 1971년에 결혼했어요. 내가 오니까 막내 광영이는 초등학교 6학년, 셋째 찬영이는 중학생 그래요. 시누이 영숙이는 청계천 평화시장 봉제공장에서 일하고 있고. 남편은 베트남전쟁에서 막 돌아와서 그냥 놀고 있었어요."

-큰며느리 김점복

한영은 1983년에 사우디아라비아에 건설노동자로 파견 가서 2년 동안 일했다. 손자들이 태어나 자라기 시작할 때였다. 그때도 한영은 가장으로서 경제적 책임을 다하지 못하고 있었다. 일자리를 구하지 못했다. 이오순은 신촌에서의 일들이 떠올랐다. 먹을 것도 땔감도 없는데 끼니때는 어김없이 돌아왔다. 밥때가 돌아오는 것이 무서웠다. 손자들도 그렇게 키울 수는 없었다. 한영이 일하지 않으면 손자들은 그때처럼 굶을 수밖에 없을 것 같았다. 그때 해외에 건설노동자로 나가면 목돈을 벌 수 있다는 말을 들었다. 아는 친척을 통해서 한영을 사우디아라비아에 갈 수 있도록 주선했다.

"해외에 나간 남편한테서 한 달에 48만 원씩 월급이 들어와. 어머니는 청와대 앞에 있는 외환은행으로 가서 월급을 찾아와요. 어머니가 관리하셨어. 나는 어머니한테 생활비 타서 살림만 했지. 밥하고 빨래하고 청소하고. 어느 날 어머니가 그러시더라구요. 네 남편이 돈을 벌어서 보냈는데 한 푼도 안 줘서 서운하냐고. 나는 괜찮다고 했지. 어쩔 거야. 그러고서는 옷을 한 벌 사주시더라구요. 그때 딱 한 번. 그러고는 끝이에요. 모든 살림을 어머니가 다 하셨어요."

-큰며느리 김점복

이오순은 일찍 떼어놓은 자식들에 대한 미안한 마음이 컸다. 특히 한영에 대한 미안하고 안쓰러운 마음은 시간이 흐를수록 더 커졌다. 성격이 괴팍한 것도 자신이 잘 가르치지 못해 그런 것만 같았다. 죽는 순간까지 책임져야 할 자식이 큰아들 한영이라는 생각조차 들었다.

## 안 아픈 손가락은 없다

 열 손가락 깨물어 아프지 않은 손가락이 없다는 말이 있다. 열이면 열 모두 귀하고 귀한 존재라는 의미이다. 이오순은 유난히 더 아픈 손가락도 있다는 생각을 했다. 이오순에게는 외동딸 영숙이 그런 존재였다. 이오순이 장사하러 떠나고 없는 시골에서 가족들을 돌본 것은 영숙이었다. 1949년 5월에 태어난 영숙은 이오순이 장사를 떠날 때 겨우 열 살이었다.

 남편은 영숙을 학교에 보내지 않았다. 여자들이 집 밖으로 나돌아다니는 것을 극도로 싫어했다. 이오순이 서울로 떠난 것도 영향을 미쳤을 것이다. 아내가 행상이라도 해야 먹고 살 수 있는 상황이라는 것을 알면서도 아내의 부재에 대한 화풀이를 딸에게 했다.

 "그때, 엄마 서울 가고 나면 보리쌀 갈아서 밥하고, 소나무 꺾어다가 불 때고 했지. 젖은 솔가지를 꺾어다가 불을 때면 매운 연기가 끝도 없이 나. 그러면 눈물이 막 나. 울고 싶지 않아도 눈물이 나와. 내가 훌쩍훌쩍 울면 아버지가 방에서 나와. 그럼 이제 아버지랑 붙들고 막 울어. 아버지는 당신이 돈을 못 버니까 엄마가 떠났다고, 서운하고 서러워서 울고. 나는 엄마 보고 싶어서 울고. 아버지한테 맨날 욕먹고 구박받았는데 그럴 때는 둘이 붙들고 막 울었어."

-외동딸 송영숙

영숙은 1965년에 서울로 이주해서도 학교에 다니지 못했다. 청계천 봉제공장에 취직해서 생활비와 동생들 학비를 보탰다. 1974년에 철도청 공무원과 결혼해서 2남 1녀를 두었다. 사위는 술주정이 심했고 주먹이 앞서는 사람이었다. 여자들도 많이 따랐다. 영숙은 1983년에 이혼했다. 사위가 양육권을 가져가면서 큰아들은 데리고 가고, 1남 1녀는 송영숙이 키우기로 했다. 큰아들을 만나지 못하게 되자 그녀는 삶을 포기한 사람처럼 좌절했다. 1994년 8월에는 막내아들을 잃는 고통을 당했다. 친구들과 바다에 놀러 갔다가 익사했다. 다행인지 불행인지 이오순은 손자가 익사하는 비극은 알지 못했다. 1994년 1월에 이미 이승을 떠났기 때문이었다. 가수가 되고 싶어 했던 영숙은 여러 가지 일을 했다. 엄마가 돈 벌러 가고 없을 때는 가사노동을 도맡아 했다. 엄마 따라 서울로 이주해서는 봉제공장에서 일했다. 막냇동생 송광영이 사망한 후에는 민주화운동 현장에서 치열하게 싸웠다. 보험설계사, 다단계 판매원으로도 일했다. 이 때문에 유가협 회원을 비롯한 가족들을 성가시게 했다. 영숙의 민주화운동을 폄하하는 이유였다. 송영숙은 2024년 7월 76세를 일기로 세상을 떠났다.

"분밭댁 아들 박태선이라고 있어, 그 아들이 잘났어(잘됐어.

공무원). 그 박태선이 맨날 나보고 노래하라고 그랬지. 그 집에 큰 축음기가 있었어. 그거 틀어주면서 노래하라고, 노래 잘한다고. 그래서 내 꿈이 가수였어."

-외동딸 송영숙

이오순은 외동딸 영숙을 가르치지 않은 것을 가장 후회했다. 이오순도 여자라고 학교에 보내주지 않았던 부모가 몹시 서운했다. 배우지 못한 것이 억울해서 한이 되었다. 이오순이 마음만 먹었으면 유일한 딸을 학교에 보낼 수 있었다. 영숙이 이혼을 하고 큰아들을 빼앗겨서 애통해할 때도 가르치지 못한 것이 후회되었다. 영숙에게 일어난 모든 일이 배우지 못했기 때문에 벌어진 일만 같았다.

둘째 아들 선영은 집안의 기둥이었다. 선영은 공부 욕심이 많았다. 제대로 가르쳤으면 더 크게 되었을 자식이었다. 공부하고 싶어 하는 선영을 제대로 뒷받침해주지 못했다.

"1971년에 대학에 갔는데, 그때 대학 등록금이 8만 원이었어요. 어마어마한 돈이었는데 어머니가 8만 원을 주시더라구요. 그러면서 '이제 더 이상은 어떻게 할 수가 없다. 니가 알아서 다녀라' 하셨어요. 그래서 등록을 하고 취직을 해서 학교에 다니려고 했는데, 그것이 어렵더라구요. 일자리를 찾는 것이."

-둘째 아들 송선영

선영은 집안일에 헌신적이었다. 형제자매들이 경제적으로 어려울 때마다 도왔다. 평생 머리에 임을 이고 장사한 이오순의 마음을 헤아려 위로할 줄 알았다. 선영은 1952년 전쟁 중에 태어났다. 1973년에 군대에 가서 1975년에 전역했다. 1977년에 주식회사 풍산에 취직해서 2009년에 상무이사로 퇴임했다. 퇴임 후에 주식회사 성재금속을 창업했다. 현재 주식회사 성재금속 대표이사로 재직 중이다. 1980년에 풍천임씨 집안 숙정과 결혼해서 세 자매를 낳았다. 선영의 세 딸은 수재들이다. 이오순의 둘째 며느리 임숙정은 자신의 남편이 효자라서 좋다고 했다.

"제 남편은 효자예요. 집안의 모든 일을 자신의 일이라 여기고 돌봐요. 한 번도 거절하거나 싫다고 하지 않아요. 고민은 많이 하지요. 우리가 감당하기 힘든 요구가 있을 때마다 고민해요. 하지만 항상 가장 좋은 방법을 찾아내요. 어머님에 대한 마음도 지극해요. 어머님은 제 남편에 대한 기대가 아주 컸어요. 뭐랄까, 남편이자 연인이었죠. 잘생겼고 어머니를 이해하는 마음이 남다른 자식이니 당연해요. 저는 보고 배운다는 말을 믿어요. 제 자식들이 제 남편을 보고 배울 거라 믿어요. 남편도 이타심 강하고 예의 바른 어머니를 보고 배웠겠지요."

-둘째 며느리 임숙정

둘째 며느리 임숙정이 기억하는 이오순의 모습은 여장군처럼 당당하고 믿음직한 모습이었다. 작은 키에 쪽 찐 머리, 깨끗한 생활한복을 단정하게 차려입은 모습은 무슨 일이든 척척 해낼 사람처럼 당찬 모습이었다고 했다. 큰며느리 김점복도 같은 말을 했다.

"어머니는 당찬 분이세요. 일도 당차게, 야무지게 하시지만, 나무랄 때도 호되게 나무라셔요. 눈물이 쏙 빠지도록 야무지게. 그런데 뒤끝은 없어. 한번 나무라고 나면 그 일은 다시 꺼내지 않으셨지요."

이오순은 가난한 살림살이에도 불구하고 누가 찾아오든지 반갑게 맞이했다. 임숙정은 태어나서 재래식 화장실을 처음 가봤다고 했다. 이오순의 집은 임숙정이 상상도 하지 못한 가난한 집이었다. 그럼에도 이오순은 얼굴 한번 찌푸리지 않고 찾아오는 사람들을 반갑게 맞이했다고 기억한다. 손님을 맞이하면 밥을 차려서 대접했다. 가난한 시절이었으니 밥상이 풍부하지는 않았다. 배만 부르면 되는 밥상이었지만 정성이 가득한 밥상이었다. 어려운 일은 없는지 물어봐 주고, 따뜻하게 보듬어 주고, 자신이 할 수 있는 것이면 무엇이든 도와주는 어른으로 기억했다. 따뜻한 마음을 나누는데 가난은 아무런 장애가 되지 않는다는 것을 어머니 이오순에게서 배웠다고 했다. 이오순이 운명하기 직전에 마지막 통화를 한 것도 둘째 며느리 임숙정이었다.

"돌아가신 날, 그러니까 1994년 1월 26일이지요. 그다음 날이 큰아주버님 생신이었어요. 그래서 제가 전화를 했지요. '어머님! 내일 큰아빠 생신인데 어떻게 할까요?' 그랬더니 어머님께서 '그러면 몇 시까지 올래?'라고 물으시더라구요. 그래서 '시장보고 12시까지 갈까요?' 하는 의논을 했어요. 그런데 그것이 마지막 통화였던 거지요."

# 격동의 1970년대와 자녀들의 앞날

이오순은 자식들이 잘 배워서 번듯한 직장에서 일하기를 바랐다. 부잣집에 가보면 부모의 역할이 먹이고 입히는 것만은 아니라는 것을 알 수 있었다. 자식들이 무엇을 잘하는지 관찰하고 잘할 수 있도록 지원했다. 자식의 미래를 부모들이 설계했다. 부모는 자식이 성공해서 현재의 부와 명예를 유지할 수 있기를 기대했다. 부모 자식의 관계가 먹이사슬처럼 엮여있었다. 이오순은 부잣집 부모들을 닮을 수도 없었고 닮고 싶지도 않았다. 하지만 제 밥벌이는 할 수 있게 배워서 가정을 이루기를 바랐다.

"어머니가 명절에 내려오시면 자식들 공부에 특히 신경을 쓰셨어요. 서울에서 보니까 배워야겠구나, 하는 생각이 드셨나 봐요. 그래서 시골에 내려오시면 꼭 담임선생님을 찾아뵙고 우리 선영이 잘 부탁한다고 인사를 하셨어요. 그래서 그랬는지 6학년 때는 중학교 입시 과외를 받았어요. 수학 과외. 또 한 가지 특이한 점은, 은진송가가 충청도에서 남하할 때 장성군 진원면에도 터를 잡았던가 봐요. 명절에 내려오시면 꼭 진원면에 찾아가서 친척들을 찾아뵙고 인사하고 돌아오시고는 했어요. 나도 몇 번 따라간 적이 있어요. 아무 말씀도 하지 않으셨지만 보여주시려는 것 같았어요. 뿌리를 알아야 한다는 것을 알려주신 것이지요."

-둘째 아들 송선영

이오순의 소망을 정면으로 부정한 자식이 막내아들 광영이었다. 1974년 2월에 서울 경신중학교를 졸업한 광영은 고등학교에 가지 않겠다고 했다. 청천벽력이었다. 이오순은 한영과 영숙을 제대로 가르치지 못한 것이 한이었다. 막내아들은 스스로 공부를 하지 않겠다고 했다. 세창상회에서 살면서 이오순의 장삿길에 동행했던 경험 때문인지 사람에 대한 두려움이 없었다. 낯선 사람들을 만나도 먼저 인사를 건네고 이런저런 이야기를 나누다 금세 친해졌다. 가진 것은 없었지만 가난하고 배고픈 친구들, 이웃 사람들을 그냥 지나치지 못했다. 장사하느라 고단한 이오순의 어깨를 주물러 주는 것도 광영이 몫이었다. 다른 사람의 고통을 이해할 줄 아는, 다정다감한 성격의 광영은 분명히 제 몫을 하고 살 것이라 믿고 있었다.

"광영이는 어머니가 계속 장사하면서 고생하는데 형인 저는 고등학교에 다닌다고 싫어했어요. 광영이는 단국공고 기계과에 합격했는데 진학을 포기했어요. 돈 벌어서 어머니 돕겠다고. 자기가 돈 벌어서 형들 학교에 보내겠다고. 어머니가 펄쩍펄쩍 뛰면서 말렸지요. 기어이 돈 벌겠다고 집을 나갔어요."

-셋째 아들 송찬영

이오순은 광영이 고등학교를 포기하고 돈을 벌겠다고 했을 때 눈물로 말렸다. 실망감을 감추지 않았다. 고등학교라도 나와야 밥벌이를 할 수 있는 시대였다. 광영은 어머니 고생 그만 시키고 싶다는 고집을 꺾지 않았다. 이제부터는 스스로 벌어서 먹고살겠다고 했다. 어머니도 꼭 호강시켜드리겠다고 했다. 똑 부러지고 야무진 말솜씨에 이오순은 더 말리지 못하고 물러섰다. 흘러가는 대로 지켜보기로 했다.

"어머니는 고생하시면서도 누구를 원망한 적이 없어요. 먹고 살기도 어려운데 일 안 하고 뒹굴거린다고 자식들을 원망하거나 혼낸 적이 없어요. 그냥 지켜보셔요."

-셋째 아들 송찬영

광영이 엄마 고생시키면서 학교에 다니는 형들을 비난했지만 찬영은 1975년 서강대 국문과에 합격했다. 이오순은 만감이 교차했다. 광영을 업고 서울로 떠났을 때 찬영은 네 살이었다. 갑자기 엄마가 떠나버렸을 때의 상실감을 아버지의 등을 보면서 견뎌낸 자식이었다. 굶기를 밥 먹듯이 하던 자식이 성장해서 대학생이 되었다. 하지만 마냥 기뻐할 수만은 없었다. 학비 때문이었다. 선영이 때보다 학비가 더 올랐다. 자식들이 성장할수록 정수리에 이어야 할 임은 더 많아졌다. 머리가 쪼개지더라도 자식들이 하고 싶어 하는 공부를 시키고 싶었다. 하지만 그것은 꿈이었다. 얼마나 더 임을 이고 다녀야

이 가난에서 벗어날 수 있을까. 자식들의 대학 합격 소식에 마음껏 기뻐하지 못한 이유였다.

하지만 이오순은 1984년 광영이 대학에 합격했을 때 학비가 백만 원이 넘는다는 것을 알고도 걱정보다는 기쁜 마음이 앞섰다. 막내아들이 공부를 계속하겠다는 마음을 가졌다는 사실만으로도 기뻐했다. 찬영은 그런 이오순이 서운했을 것이다. 이오순은 찬영의 마음을 이해했다. 다 자란 자식이라고 부모 마음을 모두 이해하는 것은 아니었다.

돌이켜보니 어느 자식 하나 아프지 않은 자식이 없었다. 자식들 키우려고 고생고생했다고 생각했는데 자식들도 크느라고 고생했다는 생각이 들었다.

이오순의 가족이 서울에 뿌리를 내리기 시작한 1970년대의 한국은 격동기였다. 박정희 군사정권은 경제개발과 장기집권 구도를 만들기 위해 혈안이 되어있었다. 평화시장 여성노동자들은 경제성장의 한 축을 담당했지만 그 이면에는 열악한 노동환경과 저임금, 인권침해가 만연했다. 여성노동자들은 어린 나이에 가족의 생계를 위해 공장 노동자가 되었다.

신촌마을에서 솔가지로 불 때서 밥하던 시골 소녀 영숙은 1965년 봉제공장 '시다'로 취직했다. 열여섯 살이었다. 공장에 딸린 다락방 작업장에서 하루에 14시간씩 실밥을 뽑거나 천 조각을 정리하는 허드렛일을 했다. 미싱사에게 재료를 가져다주고, 다 만들어진 옷을 날라 정리했다. 환기시설도 제대로 갖춰지지 않은 공장에서 먼지와 옷감의 분진을 공기처럼 들이마시며 일했다. 작업이 끝나면 작업장 바닥에서 잠을 잤다. 김치와 밥이 전부인 식사도 작업장 바닥에서 대충 때웠다. 시다로 일하고 받은 월급은 1,000원 정도였고 생활비에 보탰다.

영숙이 일했던 평화시장에는 노동자 전태일이 있었다. 1970년 11월 13일 전태일은 '근로기준법을 준수하라'고 외치며 분신했다. 근로기준법에는 노동시간 제한, 휴일 보장, 최저 임금 규정 등이 명시되어 있었지만 하나도 지켜지지 않았다. 전태일의 분신은 우리 사회에 노동자의 극심한 고통과 비참한 노동 현실을 알리는 경종이었다. 어린 여성노동자들이 제대로 된 월급도 받지 못하고 열악한 환경에서 노동하는 현장을 변화시키기 위해 살신성인한 것이다.

영원할 것 같던 박정희의 권력도 종말을 향해 달려가고 있었다. 1979년 8월 11일 새벽 신민당사에서 농성 중이던 YH노동자 김경숙이 진압과정에서 추락사했다. YH노조는 1976년에 결성되었는데 청계피복노조, 동일방직노조와 같은 민주노조였다. YH노조는 사기성 폐업에 항의하기 위해 신민당사를 점거하고 농성 중이었다. 무차별적 탄압과 폭력을 서슴지 않았던 독재정권은 10월 26일 중앙정보부장 김재규가 쏜 총에 맞아 박정희가 사망함으로써 종말을 고했다. 시인 고은의 『만인보 제12권』에는 이 암흑의 시대를 통찰하는 시가 실려 있다. 「YH 김경숙」이라는 제목의 시다.

"1970년 전태일이 죽었다/1979년 YH 김경숙(金京淑)이/마포 신민당사 4층 농성장에서 떨어져 죽었다/죽음으로 열고/죽음으로 닫혔다/김경숙의 무덤 뒤에 박정희의 무덤이 있다/가봐라"

## 평화시장에서 전태일을 만난 광영

　막내아들 광영은 1974년 중학교를 졸업하고 1979년 군대에 입대하기까지 6년 동안 여러 가지 일을 했다. 광영의 첫 직장은 양복점에서 잡일을 하는 시다였다. 영숙처럼 공장에 딸린 합숙소 작업장은 아니었다. 이오순에게는 재단사가 되기 위해서 양복점에 취직했다고 말했다. 말이 취직이지 월급도 정해지지 않은 임시직이었다. 할 수 있는 일도 청소나 잔심부름 정도였다. 기술을 가르쳐주기는커녕 월급을 떼먹는 것도 당연하게 여겼다. 가난하고 어린 노동자는 가장 쉬운 착취의 대상이었다. 주인은 심부름을 시키는 것만으로도 고맙게 여기라는 태도였다. 십 대였던 광영은 불안정한 고용과 인격모독을 참기 힘들어했다. 광영은 어머니를 만나면 저도 모르게 불만을 쏟아냈다.
　"엄마! 사장들은 왜 그래요? 내가 어려서 모를 거라고 생각하나 봐요."
　광영이 심통을 부리며 투덜거리면 이오순은 다독였다.
　"남의 돈 벌기가 쉬운 줄 알았어?. 엄마가 장사하는 것 봤잖아. 자기 집에 필요한 물건을 사면서도 마치 큰 혜택을 주는 것처럼 거만하게 구는 사람이 얼마나 많더냐."
　"왜 그러는데? 왜 사람을 무시하는데?"

광영은 마치 이오순이 그러기라도 했다는 듯 화를 냈다. 그러면서도 이오순의 어깨를 주무르는 손을 멈추지 않았다. 어깨 근육이 말랑말랑해지면 방바닥에 눕히고 허리부터 발바닥까지 주물렀다. 이오순은 광영의 용광로와 같은 성정이 걱정되었다. 타고난 따뜻한 마음 뒤에 숨어 있는 불기둥을 그때는 이오순도 광영도 알아차리지 못했다.

"엄마 생각에는 사람들이 미련해서 그런 것 같어야. 모든 것은 끝이 있어. 사람도 언젠가는 죽잖아. 권력도 생명도 언젠가는 끝나는데 영원할 것이라고 착각하는 것 같어. 그것이 아닌디."

광영은 알 듯 모를 듯한 어머니의 말을 따라 읊조렸다.

"영원하지 않다…. 언젠가는 죽는다…."

이오순은 조카 동수를 어르고 있는 광영을 물끄러미 바라봤다. 광영은 갓 돌이 지난 조카를 무척 예뻐했다. 돌쟁이도 광영이가 예뻐하는 것을 아는지 좋아했다. 이오순은 광영이 학교에 다니면서 공부를 더 하면 좋겠다는 생각을 했다. 그러다 문득 광영은 아직 십대라는 생각을 했다. 스스로 학교에 가고 싶어 할 날이 오기를 기다리기로 했다.

광영이 양복점에서 일한 시간은 세상의 풍파를 몸으로 배우는 시간이었다. 1975년 열일곱 살이 된 광영은 양복점을 그만두고 청계천 평화시장에 있는 피복공장으로 옮겨서 일하기 시작했다. 이종사촌이 운영하는 작은 공장이었다. 이전 양복점에서와 마찬가지로 미싱 보조와 잔심부름을 했다. 가진 기술이 없으니 당연했다. 청계천 평화시장에서 전태일은 유명한 사람이었다. 이미 1970년에 분신 사망했지만 평화시장 노동자들의 정신적 지주였다. 광영도 전태일이라는 이름을 알고 있었다. 활발하게 활동하던 청계피복노동조합에서 개최한 야학에서 노동자들과 함께 공부했다. 광영의 따뜻하지만 불같은 성정은 권리쟁취를 위한 노동조합 활동과 딱 맞았다. 땀 흘려 일하는 동료를 믿고 의지하며 서로 같은 방향으로 가기 위해 힘을 합쳐야 하는 노동조합 활동은 어린 광영의 가슴을 뛰게 했다.

청계천 8가의 전태일 동상

이오순은 광영이 집에 올 때마다 존경하는 사람이 있다는 말을 자주 들었다.

"엄마. 내가 존경하는 사람이 있는데, 노동자야. 그 사람은 자신보다 적게 임금을 받는 동료를 위해서 자기 월급으로 빵도 사 주고 차비도 내주고 그랬대."

이오순은 묻지 않을 수 없었다.

"월급을 많이 받았는갑다."

이오순의 질문이 예상 밖의 것이었는지 광영은 묘한 표정을 지으며 선뜻 대답하지 못했다. 이제 막 열일곱 살의 사회 초년생이었다. 이오순은 광영에게 말해주었다.

"남을 돕는 것도 할 수 있는 힘이 있어야 하는 거야. 나는 네가 공부를 더 했으면 좋겠다."

공부하라는 말만 나오면 광영은 조카를 안아주며 회피했다. 이오순의 바람과는 달리 광영은 신문팔이, 와이셔츠 판매, 작은 공장 잡역부 등 여러 일을 전전했다. 돈 벌어서 어머니를 돕겠다고 했지만 쉽지 않다는 것을 알았는지 차라리 돗자리 파는 것을 돕겠다고 따라나선 적도 있었다. 이오순은 그런 광영을 지켜보기만 했다.

1982년 광영이 고등학교 검정고시에 합격하자 이오순은 몹시 기뻐했다. 검정고시 합격의 여세를 몰아 대학입시를 준비할 것으로 기대했다. 기대와 달리 광영은 시사영어 외판원으로 영어회화 테이프 판매 일을 했다. 광영의 성격을 잘 알고 있는 이오순은 다그치지 않고 기다렸다. 한영은 어머니의 속마음을 잘 알고 있었다. 자신도 제대로 배우지 못한 것이 한이었다. 막냇동생이 공부하겠다고 하면 자신이 무슨 일이라도 해서 대학에 보내주고 싶었다.

"광영아! 어머니도 바라시고. 지금 세상은 배워야 사람 노릇 하는 세상이 아니냐. 열심히 해서 대학 가야지."

광영은 큰형 한영을 어렵게 여겼다. 광영이 어렸을 때는 큰형을 만나지 못했다. 어렵기만 한 큰형의 말이었지만 고분고분하게 대답하지 않고 삐딱하게 굴었다.

"알아서 할게요."

이오순은 광영을 나무랐다. 한영은 집안의 장손이었다. 장손이 잘되어야 집안의 질서가 잡히는 것이라고 생각하던 이오순은 광영의 태도를 그냥 지나칠 수 없었다. 광영은 어머니의 꾸지람에 고개만 숙이고 앉아 있었다. 이오순은 고집쟁이 막내아들이 귀여웠지만 집안의 질서를 흐트러트리는 일은 용납하지 않았다.

"광영이는 '형수가 내 말 안 들어주면 나는 조카들 꼬집어줄 거야' 하면서 맨날 시비를 걸어요. 그러면 어머님이 막 나무라셔요. 큰형과 큰형수는 엄마 대신이라고, 함부로 하지 말라고 혼내셨어요. 검정고시 할 때였어요. 나는 길도 잘 모르는데 인천 어디로 오라고 그래요. 그래서 가면 보따리에다 신문을 잔뜩 싸놓고 어디 어디로 갖다 주래요. 신문배급소 일을 하면서 시험 준비했던가 봐요. 땀을 뻘뻘 흘리면서 그 심부름을 하고 돌아오면 어머님이 물으셔요. 어디 갔다 오냐고. 이러저러했노라 하면 그다음에 광영이를 막 나무라셨어요. 왜 형수를 심부름시키느냐고. 네 일은 네가 해야 한다면서. 공장 사장들이 힘약한 노동자한테 함부로 하는 것이 싫다고 하지 않았냐고. 니가 한 행동이 공장 사장과 다른 것이 뭐냐고 나무라셨어요. 그래도 심부름을 시켜요. 제가 만만했던 것이지요(큰소리로 웃음). 광영이는 직업이 열두 가지도 넘었어요. 대학교 다닐 때는 교수들 구두를 닦아서 용돈을 벌었어요."

-큰며느리 김점복

# 평범한 소망

이오순은 1984년 3월을 잊을 수 없었다. 광영이 성남의 경원대학교(현 가천대학교) 법학과에 입학한 것이다. 광영의 나이 스물여섯 살이었다. 대학생으로서는 많은 나이였다. 대학에 들어간 광영은 물 만난 고기처럼 활력이 넘쳤다. 양복점 시다부터 시작한 노동자로서의 경험을 살려 '실존주의 철학연구회', '경제문제연구회'를 만들어 공부하고 토론했다. 밑바닥에서 배운 노동의 가치를 이론적인 토론으로 다지면서 즐거워했다. 광영이 하겠다 결심하면 해내는 사람이라는 것이 자랑스러웠다. 신이 나서 학교에 다니는 모습이 더없이 보기 좋았다. 나이 어린 친구들과 집에 오면 푸짐하게 차려서 밥을 먹여 보냈다. 손 크고 음식 솜씨 좋은 이오순이 마음껏 실력발휘를 했다. 이제는 되었다 생각하며 안심했다. 대학을 졸업하고 취직해서 결혼도 하고 삼시 세끼 걱정하지 않고 살 수 있겠구나, 생각했다. 평범하고 소박하게 살아주기를 바랐다.

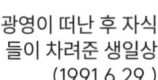
광영이 떠난 후 자식
들이 차려준 생일상
(1991.6.29.)

이오순의 소망은 허망하게 무너졌다. 막내아들 광영이 분신했다. 광영이 분신했다는 소식에 이오순은 멍해졌다. 누군가가 전해주는 광영의 분신 순간을 들었다.

1985년 9월 17일 오후 2시 40분경이었다. 경원대학교 C동 건물 현관 앞에 송광영은 혼자 서 있었다고 했다. 작달막한 키, 다부진 몸매인 그의 몸은 기름에 젖어 있었고 주먹은 꽉 움켜쥔 채였다. 먼 곳을 응시하고 서 있는 모습은 초연해 보였다. 조금 전까지 교수의 구두를 닦으며 웃던 사람도 팔을 쭉쭉 뻗으며 구호를 외치던 사람도 아니었다. 지하 동아리방에 조용히 앉아 양심선언문을 쓰고 지상으로 올라온 그는 온몸에 석유를 끼얹은 후 우렁찬 목소리로 구호를 외치며 운동장으로 뛰어나갔다.

"학원안정법 철폐하고 학원탄압 중지하라!"
"광주학살 책임지고 전두환은 물러가라!"

송광영의 몸은 순식간에 하나의 불기둥이 되어 훨훨 타올랐다고 했다. 불기둥은 C동 현관에서 B동 운동장으로 가는 길에 쓰러졌다. 그가 우렁찬 목소리로 구호를 외칠 때까지 아무도 보지 못했다. 천둥과 같은 구호 소리에 학생 몇이 창밖을 보았고, 비명을 질렀다. 학생들이 운동장으로 하나둘 모이기 시작했다. 습기 가득한 날 기름에 젖은 몸에 붙은 불길은 쉽게 꺼지지 않았다. 타오르는 불길 속에서 송광영은 외쳤다고 했다. 목이 갈라지고 피가 솟구치는 듯한 비명이었다.

"학원안정법 철폐하라!"
"학원탄압 중지하라!"
"군부독재 물러가라!"

불기둥을 보고 달려온 교직원이 소화기를 분사했다고 했다. 하얀 가루가 송광영의 쓰러진 몸 위로 벚꽃처럼 떨어지자 겨우 불길이 잦아들었다. 정적의 순간, 그의 고통스러운 신음소리가 학생들 속으로 파고들었다. 놀라서 어떻게 해야 할지 모르는 학생들에게 그는 애국가를 불러달라고 했다. 학생들은 무릎을 꿇고 어깨를 겯고 울먹이며 애국가를 불렀다고 했다.

"동해물과 백두산이 마르고 닳도록…."

학생들은 애국가가 이렇게도 장엄하고 슬픈 것이었음을 새삼 깨달았다고 했다. 설움이 복받쳐 올랐다. 송광영이 자나 깨나 외치던 구호들이 생생하게 다가왔다. 멀리서 구급차 사이렌 소리가 들렸다. 입고 있던 옷이 다 타고 살갗이 검게 탄 송광영은 구급차에 실려 병원으로 갔다.

경원대 학생들은 성남주민교회 김해성 목사(당시 전도사)에게 가장 먼저 알렸다. 김해성 목사는 이해학 목사에게 알렸다. 이해학 목사는 민주통일민중운동연합회(민통련), 민주화추진위원회(민추위),

기독청년회, 목민선교회, 신민당조사위원회 등 시민단체와 재야인사들에게 송광영의 분신 소식을 알렸다고 했다. 소식은 빠르게 전파되었다.

1970년대 성남은 정부가 강제로 이주시킨 철거민 집단이주 지역이었다. 이촌향도 현상으로 서울이 과밀해지고 도시빈민 문제가 심각해지자 서울에서 멀리 떨어진 미개발 지역으로 이주시켜 주택난과 도시빈민 문제를 해결하려고 했다. 정부는 아무런 계획 없이 경기도 광주군(현 성남시 수정구, 중원구 일대) 허허벌판으로 강제 이주시켰다. 열악한 환경 속에서 철거민들은 생존의 위협을 느꼈다. 1971년 8월 10일에 일어난 '광주대단지 사건'은 철거민들의 대규모 저항 운동이었다. 성남지역의 빈민 문제를 해결하기 위해 1973년 한국기독교장로회의 한국특수지역선교위원회에서 이해학 목사(당시 전도사)를 파송하여 '주민교회'를 설립했다. 주민교회는 민중교회로서 성남지역 주민운동의 거점으로 활동했다. 주로 노동자 권익 옹호 활동, 노동자 야학 운영, 시민 신용협동 조합 설립 운영 등 공동체 삶을 이롭게 하는 활동을 활발하게 했다. 박정희 독재정권의 탄압에 저항하면서 성남지역 민주화운동의 한 축을 담당했다. 송광영이 분신한 1985년 성남 주민교회는 민주화운동을 하다 일어난 모든 사건에 가장 빨리 달려가 결합했다.

김해성 목사(당시 전도사)는 주민교회 인권활동가였다. 노동탄압 현장, 인권탄압 현장, 분신의 현장에 항상 녹음기와 카메라를 들고 뛰어가서 현장 기록을 남겼고 그 기록을 근거로 정부와 진상규명 투쟁을 했다. 김해성 목사는 송광영의 분신 소식을 들었을 때도 녹음기와 카메라를 먼저 챙겼다. 택시를 타고 성남병원 응급실로 달려갔다. 성남병원에서는 화상 치료가 안 된다고 했다. 구급차는 다시 서울대 병원으로 달렸다. 김해성은 택시를 타고 서울대 병원으로 따라갔다. 서울대 병원에서는 병실이 없어서 입원할 수 없었다. 그렇게 도로에서 서너 시간을 허비한 뒤에서야 면목동 기독병원에 입원하게 되었다. 응급하게 화상 치료를 해야 할 골든타임은 이미 지나가 버렸다. 이동하는 중에도 화상의 고통은 계속되었다. 김해성 목사는 녹음기를 켜고 광영에게 말을 걸었다.

"주민교회 김해성입니다."

송광영은 숨을 헐떡이다가 우렁차게 구호를 외쳤다.

"광주학살 책임지고 전두환은 물러가라!"

"학원안정법 폐지하고 학원탄압 중지하라!"

김해성 목사는 송광영의 외침이 비명임을 알았다고 했다. 얼마나 고통스러우면 온 힘을 다해 구호를 외쳤을까. 송광영의 구호 소리가 들리자 경찰들이 쫓아 들어왔다. 김해성 목사는 경찰들에게 질질 끌려 병실 복도로 내동댕이쳐졌다.

이오순은 막내아들이 돌아올 수 없는 곳으로 갔다는 사실이 믿기지 않았다. 단지 평범하고 소박하게 살기를 바랐는데 그것도 욕심이었을까. 눈앞이 캄캄해진 이오순은 두 손으로 두 눈을 꾹 눌렀다.

5부

화염의 불기둥

## "부끄럽게 살고 싶지 않아요!"

1985년 9월 17일 화요일 광영은 경원대학교 교정에서 분신했다. 이오순이 1959년 1월 광영을 업고 서울로 올라온 지 26년이 되는 해였다.

1980년대 민주화운동의 여파는 이오순의 집안에도 서서히 다가오고 있었다. 1979년 12·12 군사쿠데타를 일으킨 전두환은 1980년 광주에서 민주화를 요구하는 시위를 무자비하게 진압하여 권력을 장악하고 정권의 정당성을 확보하려 했다. 전두환이 정권찬탈을 위해 군을 동원하여 시민을 학살하자 이에 저항하는 민주화운동 또한 치열해졌다. 80년대 민주화운동의 핵심 의제는 신군부가 저질렀던 국가폭력의 진실규명이었다. 국민은 80년 5월 광주에서 무슨 일이 일어났는지, 왜 그렇게 많은 사람을 죽였는지 알고 싶어 했다. 반면 전두환 정권은 80년 5월을 철저하게 감추고 덮으려고 했다.

광영이 대학에 들어간 지 몇 달 되지 않았을 때였다. 이오순은 가끔 광영이 다니는 대학교에서 걸려오는 전화를 받았다. 직원들이 찾아오기도 했다. 광영이 자꾸 데모를 한다면서, 늦게 대학에 들어왔으니 더 열심히 공부하도록 타이르라고 했다. 건장한 남자들이 찾아오기도 했다. 담배를 물고 짝다리를 하고 서서 광영이 집에 자주 오는지 물었다. 어떤 때는 위압적인 태도로 광영이 단속 잘하라고 윽

박지르기도 했다. 이오순은 찾아오는 남자들의 인상이 험악해서 무서웠지만 내색하지 않고 퉁명스럽게 대꾸하곤 했다.

"내 자식은 내가 알아서 타이를라요. 댁이나 잘하시오!"

이오순은 광영을 죄인 취급하는 직원이 불쾌했다. 정체불명의 남자들에게 통박을 주었지만 걱정이 되었다.

어떤 날은 시위를 하다 파출소에 잡혀있다고 연락이 왔다. 선영이 데리고 왔다. 선영은 광영에게 밥을 사 먹이면서 여러 이야기를 나눴다고 했다. 많은 이야기 중에 광영이 '살아남은 자의 슬픔'을 이야기했다고 했다. '살아남은 자의 슬픔?' 이오순은 무슨 말인지 이해하지 못했다. '살아남은 자의 슬픔'은 독일의 시인 베르톨트 브레히트의 시 제목이었다. 히틀러 체제에서 살아남은 유대인의 자기고백적 시였다. 80년 5월을 관통해온 세대에게 자기성찰적 정서를 표현하는 의미로 '살아남은 자의 슬픔'이 회자되었다. 민주화운동 과정에서 '살아남은 자의 슬픔'은 가슴을 뜨겁게 데우는 원동력이었고 민주화운동의 역동으로 작용했다. 이오순이 '살아남은 자의 슬픔'을 이해하지 못한 것은 당연했다.

또 어느 날이었다. 학교에서 전화가 와서 하는 말이, 빨리 와서 광영이를 말려달라고 했다. 택시를 타고 성남까지 달려갔다. 광영이 수백의 학생들 앞에서 연설을 하고 있었다. 왼손을 허리춤에 딱 얹고 오른손으로는 마이크를 잡고 카랑카랑한 목소리로 열변을 토하고 있었다. 광영이 무슨 말을 하는지 들리지 않았다. 그보다는 학생들 앞에 선 막내아들의 모습이 놀라웠다. 작달막한 키, 다부진 표정,

날카로운 목소리. 수많은 학생들은 막내아들의 말에 환호성과 박수로 응답하고 있었다. 그러다 이오순과 눈이 마주쳤다. 광영은 마이크를 다른 사람에게 넘겨주고 달려왔다.

"엄마! 여기는 어떻게 오셨어요?"

"지금 뭐 하냐?"

"아무것도 아니에요. 집에 가서 말씀드릴게요."

이오순은 광영이 이끄는 대로 교문 밖으로 끌려나갔다.

"택시 잡아드릴게요. 집으로 가세요. 저도 곧 집으로 갈게요."

분신 전 학교 집회에서 발언하는 송광영

이오순은 광영이 잡아준 택시를 타고 다시 집으로 돌아왔다. 며칠 뒤에 집에 온 광영은 '살아남은 자의 슬픔'에 대해서 이야기했다. 선영이 파출소에서 데리고 나올 때 했다던 말이었다. 엉뚱하다 생각했다. 데모하지 말고 공부나 열심히 하라고 나무라자 그럴 수 없다고, 부끄러워서 더는 그렇게 살지 못하겠다고 했다. 이오순은 광영의 말을 멍하니 듣고만 있었다. 몹시 낯설었다. 엄마에게 용돈 타내려고 어리광을 부리던 자식이 아니었다. '살아남은 자'들은 죽을 수도 있다는 두려움보다 '살아남은 자'로서의 부끄러움이 더 견디기 힘들다고 말하는 막내아들이 남처럼 느껴졌다. 제 속으로 난 자식이 아닌 것 같았다.

"80년 5월에 무슨 일이 일어났는지 밝히라고 말했을 뿐인데, 체포하고 구금하고 폭력을 가하는 국가가 옳다고 생각하세요?"

광영은 이오순에게 오금을 박아 물었다.

"나는 모른다. 그런 일이 우리 고향에서 일어났다는 사실도 몰랐다. 그런데 너는 왜 그런 일에 관심을 갖는 것이냐?"

이오순도 광영의 눈을 똑바로 들여다보며 물었다. 옆에서 듣고 있던 한영도 광영의 대답을 기다렸다. 광영의 형들은 그동안에도 공부 열심히 해서 취직하지, 무슨 데모냐고 나무랐다. 광영은 한참 동안 묵묵히 앉아 있었다.

"엄마! 형님! 저는요, 부끄럽게 살고 싶지 않아요. 사람답게 살고 싶어요. 김남주라는 시인이 있어요. 전라도 해남 사람인데요. 그 시인이 80년 5월에 관한 시를 썼어요. 제목이 「학살 4」인데, 들어보시겠어요?"

"시?"

이오순과 큰아들이 동시에 물었다.

"네. 김남주가 쓴 시예요."

광영은 천천히 시를 읊었다. 막힘이 없었다. 얼마나 많이 읊조렸는지 알 것 같았다.

"대검이 와서/그의 가슴을 찌르자 뒤에서는/개머리판이 와서 그의 뒤통수를 깠어요/으윽~ 한낮의 신음소리와 함께/그가 고꾸라지자 이번에는/군홧발이 다시 그의 턱을 걷어찼어요/피를 토하며 거리에/푸르고 푸른 5월에"

이오순은 막내아들을 바라보기만 했다. 책을 많이 읽는 아이였다. 늘 무엇인가를 끄적거리는 모습을 봤다. 광영이 눈을 내리뜨고 낮은 목소리로 시를 읊자 다른 사람 같았다. 시 내용은 그보다 더 낯설었다. 대명천지에 그런 일이 일어났다고? 믿을 수 없었다. 한영이 나무랐다.

"이놈의 자식이 하라는 공부는 안 하고…!"

광영은 아랑곳하지 않고 말을 이어갔다.

"형님! 지어서 쓴 시가 아니래요. 광주 사람들은 모두 봤대요. 정말로 이런 일이 있었대요. 전두환은 이런 일을 저지르고도 아무 일도 없었던 것처럼 대통령을 하고 있어요. 광주학살을 진상규명 하라고 요구하는 학생들을 학원안정법을 만들어서 정신병원에 가두려고 해요. 그래도 되는 걸까요? 그들은 부끄럽지도 않은 걸까요? 저는 부끄럽습니다."

이오순은 한마디도 대꾸하지 못했다. 왠지 아무 말도 하지 않아야 할 것 같았다. 처참한 광경이 눈앞에 그려졌다. 일본군이 조선 인민을 강제동원할 때처럼, 한국전쟁 때처럼 무고한 사람들을 때리고 죽이는 일이 광주에서 일어났다는 것을 믿을 수 없었다. 그녀는 '시'라고 생각했다. 작가가 꿈인 광영이 읊어준 시일 뿐이라고 생각했다. 광주에서 그런 처참한 일이 있었다고 해서 꼭 광영이 데모를 해야 할 이유는 없었다. 그럼에도 공부 열심히 해서 출세하라고 말하지 못했다. 이유는 알 수 없었다. 조용하고 단호하게 부끄럽다고 말하는 막내아들의 태도가 그녀의 입을 막았다.

그날, 1985년 2학기가 막 시작되던 9월 17일 화요일. 아침부터 비가 내렸다. 이런 날은 행상하는 사람에게는 최악의 날씨였다. 남의 집을 방문할 때는 마음의 결심이 필요했다. 외상이 있는 집을 방문할 때는 더욱. 이렇게 비가 내리고 후덥지근한 날은 차라리 집에서 쉬는 것이 현명했다. 오랜 장사 경험에서 얻은 지혜였다.

이오순은 더위가 가기 전에 외상을 받아야 할 집과 주문받은 물건 목록을 정리했다. 먹구름이 곧 쏟아질 것처럼 무겁게 보였다. 습한 기운이 어깨를 짓눌렀다. 어깨 근육이 돌덩이같이 딱딱해졌다. 두 손으로 번갈아 어깨를 툭툭 두드리다 광영을 생각했다. 광영이 딱딱하게 굳은 어깨를 주무르고 두들겨 주면 시원하고 좋았다. 장사를 마치고 세창상회 합숙소로 돌아오면 어깨 주물러 주겠다고 달려들고는 했다. '엄마! 시원하지?' 하면서 히죽 웃던 어린 광영이 생각났다. '학교는 잘 다니고 있겠지. 집에나 한번 다녀갈 일이지.' 이오순은 무소식이 희소식이겠지, 생각하면서도 궁금했다. 이해할 수 없는 편지 한 통 보내고는 통 소식이 없었다. 이런 날, 어깨가 무너져 내리고 기분이 한없이 가라앉는 오늘 같은 날, 함께 있었다면 어깨 좀 두드려라, 했을 것인데. 이오순은 멍한 시선으로 좁은 마당을 바라봤다. 처마에서 떨어지는 빗물 소리가 자장가 같았다. 졸음이 밀려왔다. 한숨 자고 나면 비가 그쳤을지도 모르겠다는 생각을 했다. 장사는 그때 다시 생각해보기로 했다.

잠에서 깨어났을 때는 늦은 오후였다. 장사는 포기했다. 비는 멈췄지만 검은 구름이 이리저리 몰려다니고 있었다. 방향도 없이 부는 바람 때문에 더 후덥지근했다. 여전히 무거운 어깨를 두드리고 있는데 전화벨이 울렸다. 둘째 아들 선영이었다. 그가 전한 소식은 놀랍고 무서운 이야기였다. 막내아들 광영이 분신을 했다는 것이다.

"뭐라구? 왜?"

이오순의 목소리는 순간적으로 착 가라앉았다. 위급할수록 침착해지는 성격이었던 그녀는 낮은 목소리로 다시 물었다. 둘째 아들도 천천히 다시 말했다.

"광영이가 제 몸에 석유를 끼얹고 불을 붙였어요. 화상이 심해요. 지금 면목동 서울기독병원에 입원했습니다."

선영은 매우 침착한 목소리로 광영이의 분신 사실을 전했다. 이오순은 면목동 기독병원을 되뇌며 전화를 끊었다. 머릿속이 하얘졌다. 아무것도 생각할 수 없었다. 하지만 움직였다. 어떻게 병원에 도착했는지 모른다.

"그때…, 광영이가 면목동 기독병원 중환자실에 입원했다는 말을 듣고 쫓아갔을 때, 광영이 형들이 나를 억지로 집으로 돌려보냈지. 진정제를 지어 먹고 겨우 정신을 차렸어. 나는 눈만 뜨면 휘청거리는 몸을 끌고 광영이 보러 갈란다, 얼마나 아프겠냐, 엄마가 보고 싶을 거 아니냐 하며 울부짖었어. 그거는 울음이 아니야. 눈물도 안 나와. 그냥 몸부림을 친 거야. 광영이에게 가려고 발버둥을 친 거야. 병원으로 가려고만 하면 식구들이 모두 달려들어서 못 가게 막는 거야. 며칠쯤 지났을까? 광영이가 많이 회복되었다고 하더라고. 화상 환자는 3주만 잘 버티면 살 수 있다고 의사가 그랬대. 이제는 살 수 있다고 했대. 식구들이 그때서야 병원에 가자고 해."

-이오순 생전 구술, 『송광영 평전』 집필팀 자료

  막내아들이 화상 치료를 받는 중환자실에 가족들은 오래 머물 수 없었다. 병원 복도에서 하염없이 기다렸다. 기다리는 동안에 할 수 있는 일은 없었다. 광영의 고통에 찬 비명소리를 듣는 것이 다였다.
  중환자실 복도에 무력하게 앉아 있던 이오순은 광영이 보내온 편지를 떠올렸다. 광영이 분신하기 2주 전쯤, 8월 말에 온 편지였다. 집으로 오면 될 것인데 왜 편지를 보냈을까, 생각하며 편지를 읽었다. 그런데 내용이 참으로 기이했다.

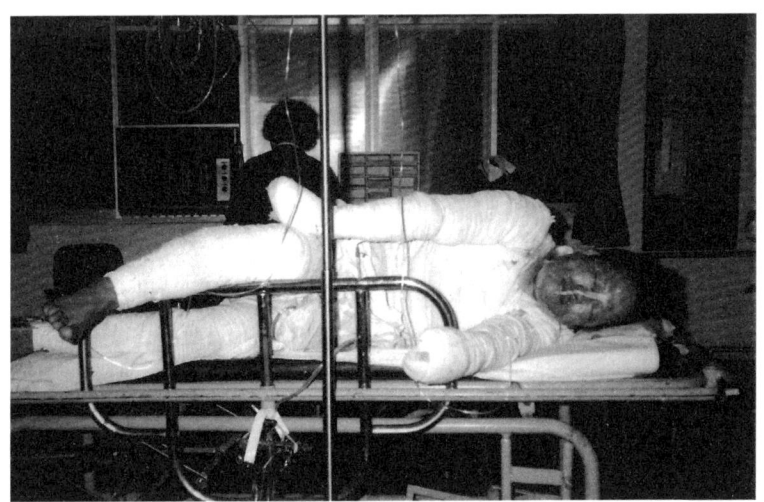

분신 후 중환자실에서 치료받는 송광영

"어머님께는 충격이 될지도 모를 말씀을 드려야 할 것 같습니다. 저는 2학기부터 대학으로 돌아가지 않을 작정입니다. 그것은 가족의 기대와는 다름을 알고 있습니다. 하지만 저는 졸업장을 움켜쥐기 위해 더 이상 학교에 다니고 싶지는 않습니다. 어머님은 자식의 이런 모습에 실망하실 터이지만 불효자를 용서해주세요. 그리고 지금의 신념을 잃지 않고 살아갈 수 있기를 기도해주셨으면 합니다. 1985.8.31. 광영 올림"

광영은 편지 끝부분에 주소가 일정하지 않아 적지 못한다고 써서 보냈다. 불길했다. 1학기 시작될 무렵 학교 가까운 곳에 방을 얻어주었다. 그런데 주소가 일정하지 않다니? 이러려고 그랬구나, 하는 생각이 들자 가슴이 떨렸다. 그때 당장에 집으로 불러서 나무랐어야 했다. 어렵게 들어간 대학을 포기하겠다니. 무슨 생각으로 살고 있는 것인지 물었어야 했다. 생각할수록 모든 것이 비현실적으로 느껴졌다. 생각과는 다르게 그냥 흘러가고 있었다. 걱정하는 마음도, 왜 이런 일이 일어난 것인지 모를 궁금함도 지나가는 시간처럼 무심하게 흘러가고 있었다. 도대체 무슨 일을 벌인 것이냐, 광영아!

병원 주변은 전투경찰들이 빙 둘러싸고 있었다. 복도에는 사복경찰들이 서성였다. 간간이 재야인사들, 학생대표들이 찾아왔다. 병실 밖까지 들려오는 광영의 비명소리에 방문객들의 발걸음은 멈칫거렸다. 아랑곳하지 않는 사람들은 경찰들과 의사, 간호사뿐이었다.

## 확산하는 분신 소식과 두려워 막는 경찰

　광영의 친구들이 찾아왔다. 경찰은 광영의 죽음이 알려지는 것을 원하지 않았다. 병문안하러 오는 사람들을 조사하고 통제했다. 어렵게 찾아온 방문객의 이야기를 들을 때마다 이오순은 자신의 온몸이 화염 속에 있는 것처럼 뜨거웠다. 광영이 외쳤다는 구호의 한 글자 한 글자가 불꽃이 되어 이오순의 몸을 휘감았다. 뜨거워서 팔짝팔짝 뛰었다. 그랬을 것이다, 광영도. 뜨거운 불길에 제 몸이 타들어 가는 고통보다 더 용납할 수 없는 그 무엇인가가 있었던 것이구나 생각했다. 살아있는 것이 부끄럽다던 아들의 목소리가 번개처럼 스쳤다. 광영의 비명소리는 이오순의 등짝을 후려치는 채찍이었다. 자식이 이렇게 되도록 아무것도 몰랐느냐는 호통 같았다. 멍한 채로 넋이 나가버린 가족들과 달리 경원대 학생들과 성남지역 민주인사들의 발걸음은 분주했다.

　"김해성 목사와 경원대 학생들은 분신 이틀 뒤인 9월 19일 성남지역 송광영분신구명대책위원회를 구성하고 지역사회와 민주인사들에게 널리 알렸다. 9월 26일 저녁 8시 기독교회관에서 목요예배가 끝난 후 송광영분신구명대책위원회가 구성되었는데 성남지역 대책위원회보다 확대된 조직으로 구성되었다. 이들은 이 조직에 힘을 실어줄 재야의 명망 있는 인사들로 '송광영동지분신구명대책위원회'를 구성한 것이다. <중략> 위원장에는 문익환 목사, 부위원장에는 김승훈 신부(당시 홍제동 성당, 정평), 김동완 목사(목협), 이해학 목사(주민교회), 곽태영(민통련 인권위원장), 이협(민언련 인권위원장)으로 정하고 총무로 김해성 전도사가 정해졌다."

-『송광영 평전』 163쪽

송광영분신구명대책위원회 조직이 구성되고 기독병원으로 몰려드는 민주인사들이 점점 늘어나자 경찰은 그들의 신원을 일일이 조사했다. 외부와 접촉할 수 있는 길을 완전히 차단하려고 방해하는 것이다. 중환자실에 입원했기 때문에 가족도 면회시간에만 광영을 만날 수 있었다. 소수의 교수대표, 학생대표들이 면회할 수 있었지만 까다롭게 굴었다. 송광영의 분신이 미칠 사회적 파장을 두려워했고 최대한 막으려고 했다. 송광영의 분신 소식은 일파만파 확산하고 있었다.

## 왜, 왜? 제 목숨까지 바쳐서…?

광영이 기독교병원에 입원한 지 몇 주가 지난 10월 초순이었다. 이오순은 병실 복도 의자에 잠시 앉았다. 광영은 얼굴만 빼고 온몸을 흰 붕대로 감고 있었다. 죽음으로 제 뜻을 이루겠다며 음식을 거부해서 콧줄을 끼워 영양을 공급하고 있었다. 간신히 잠이 들었다가도 비명을 질러댔다. 고통을 참으려고 이를 악물어보지만, 신음소리는 점점 커졌다. 그 모습을 지켜보는 이오순의 심정은 새카맣게 타들어 갔다. 광영은 잠이 들었는지 조용했다. 긴 복도는 오가는 사람도 없이 백열등만 환하게 빛났다. 선영이 옆에 와서 앉았다. 이오순이 물었다.

"학원안정법이 뭣이다냐? 광영이는 왜 지 목숨을 바쳐서까지 반대한다냐?"

이오순의 목소리는 힘없이 가라앉았다. 며칠 사이에 머리는 더 하얗게 변해버렸고, 목소리마저 쉬어 쇳소리가 났다.

"저도 잘은 모릅니다. 그런데 학원안정법이란 것이 학생들의 언로를 막고 정치적 활동을 제약하려는 법인가 봅니다. 학생들의 표현의 자유를 제약하고 그런 활동을 하면 선도교육이라 해서 재판절차도 없이 보안처분을 내려서 감금하려는 법이라고 하네요. 한마디로 대학생들의 손발을 묶어버리는 법이래요."

이오순은 무심하게 고개를 끄덕였다. 그동안에도 시위를 하다 경찰서에 잡혀가고, 경원학원 민주화를 위한 단식 농성을 하다 학교 측과 충돌했다. 어용교수 물러나라는 시위를 주도해서 학교에서는 문제 학생으로 찍혔다. 경찰이 수시로 찾아와 감시하고 협박했다. 학교 직원들은 제발 아들 교육 좀 잘 시키라고, 시위 못 하도록 자제시키라고 사정도 하고 겁박도 했다. 한두 번이 아니었다. 그럴 때마다 이오순은 광영이 오죽하면 그러겠는가, 생각했다. 공부 열심히 해서 좋은 직장에 취직하면 더없이 좋겠지만, 할 말을 한다고 해서 취직을 못 하지는 않겠지 생각했다. 이번 일도 반대를 해야 했기에 광영이 나선 것이겠거니, 생각했다. 어머니 고생 그만 시키겠다고 고등학교를 포기한 녀석이었다. 어련히 알아서 했을 것인가. 그럼에도 분신은 납득하기 어려웠다.

"그동안에도 데모하고 그러지 않았냐. 그런데 왜 이번에는 목숨을 건 것이냐, 이 말이다."

이오순은 선영이 그 이유를 알 것이라고 여기고 물어본 것이 아니었다. 하지만 궁금했다. 도대체 왜? 학원안정법이 무엇이길래. 전두환이 무엇을 잘못했길래, 타도하자고 그러는 것인가. 선영이 덧붙였다.

"꼭 그 학원안정법 한 가지 때문만은 아니고, 우리 사회의 전반적인 민주화를 위한 운동…."

"그러니까 왜 지가 나서냐고! 우리 광영이밖에 사람이 없는 것이냐고…?"

이오순은 버럭 소리를 질렀다. 입을 꾹 다물고 울음을 참는 그녀의 모습은 굳은 석고상 같았다. 이때의 이오순 모습을 대책위 총무였던 김해성 목사가 증언해 주었다.

"순수한 동네 아주머니이고 그냥 어머니셨죠. 그냥 순수한 어머니. 아들이 그렇게 했다는 것에 대해서 이해를 전혀 못 하셨고. 상상할 수 없는 일이 벌어졌잖아요. 어느 부모가 그 상황을 이해하겠어요."

1985년 3월, 2학년이 된 광영은 학기가 시작되자마자 동아리 '경제문제연구회'에서 한국의 정치와 경제문제를 학습하기 시작했다. 이 동아리는 광영이 노동자로서 경험한 자본주의 경제에 관한 이론을 공부하는 모임이었다. 4월에는 '제3차 청계피복노조 합법성쟁취 대회' 참가했다. 같은 달 '서민생계보장' 시위, '성남협진노조인정' 시위 주도 등 불평등한 구조개혁을 위한 행동을 거침없이 해 나간다. 특히 '4·19 25주년 기념식' 후 시위를 주도하다 친구들과 함께 성남경찰서에 연행되었다가 다음 날 석방되기도 했다.

5월에도 시위는 계속되었다. 광영은 5월 1일 노동절 맞이 시위에 참석하고, 5·18광주항쟁 5주기 추념식 이후에는 가두시위를 주도했다. 6월에는 '경원학원 민주화 투쟁위원회' 발대식 사회를 보고, 경원학원 민주화를 위한 단식 농성을 5일 동안 단행했다. 학내 벽보판에 붙여둔 대자보를 제거한 것에 항의하여 학생처장 탄핵 시위를 주도했다. '김종태 열사 추모식' 후 시위를 주도했고, 또 다른 시위를 주도하다 수배를 당하기도 했다.

특히, 1985년은 5·18광주항쟁 5주년이 되는 해였다. 전국의 대학에서는 진상규명과 광주학살원흉처단 투쟁이 확산하고 있었다. 때마침 부활한 각 대학의 총학생회가 중추적인 역할을 했다. 대학가의 5월은 대동제 행사를 필두로 교내시위에 이어 가두 진출로 경찰과 공방전을 벌였다. 교내에서는 점거 농성도 벌였다. 1985년 상반기는 대학가의 반독재민주화투쟁 기세가 확산일로에 있었다. 전두환 정권은 위기를 느끼기 시작했다. 점점 격렬해지는 학생운동을 뿌리 뽑기 위한 의도로 학원안정법 제정을 시도했다.

언론에서는 '학원안정법 그 실상과 허상', '학원자율화에서 학원안정법까지', '학원안정법을 보는 눈'의 제목으로 기사를 쏟아냈다. 문교부가 1985년 8월 8일 발표한 학원안정법 시안의 내용은 우선, 문교부에 학생선도교육위원회를 설치하여 좌경의식을 가진 학생에 대해서 선도교육을 실시하고 학원소요를 자율적으로 예방 수습하는 차원에서 각 학교의 총장과 학장들에게 소요단체를 폐쇄할 수 있는 권한을 부여한다는 것이다.

이 법안이 발표되자마자 대학가는 물론 재야에서도 강력히 반발하기 시작했다. 전국의 대학에서는 방학 중이었음에도 반대 집회를 열고 정부 정책을 규탄했다. 각 정당들도 저지를 목적으로 당력을 집중하겠다는 발표와 함께 반대 집회를 열었다. 그럴 수밖에 없는 것이, 선도교육이란 것은 재판절차를 거치지 않고 보안처분을 통해

신체의 자유를 통제한다는 내용이었다. 민주화운동단체, 인권운동단체, 선교기관까지 규제하면서 정부에 대한 일체의 비판을 봉쇄하겠다는 저의를 내포하고 있는 악법이었기 때문에 각계각층의 반발이 클 수밖에 없었다.

송광영은 대학생으로서는 최초로 "학원안정법 철폐하고 독재정권 물러가라!", "광주학살 책임지고 전두환은 물러가라!"고 외치며 분신, 항거했다. 임미리 박사는 저서 『열사, 분노와 슬픔의 정치학』에서 5·18광주항쟁과 열사의 기원을 설명한다. 1980년에서 1985년까지 김의기, 김태훈, 박관현, 홍기일, 송광영까지 모두 5명의 당위형 열사*가 출현했다. 이 무렵에 정권 타도 메시지가 처음 등장했다. 송광영의 분신은 김태훈 이후 4년 만의 대학생 자살이며 대학생으로서는 첫 번째 분신자살이었다. 서울대 경제학과 4년생 김태훈은 도서관 6층에서 "전두환 물러가라"를 세 번 외치고 투신했다. 1981년 5월 27일 서울대 학생 1,000여 명은 광주항쟁 희생자 위령제를 지내려 했으나 경찰의 제지로 실패하자 아크로폴리스 광장에서 침묵시위를 벌였다. 투신 직전 김태훈은 도서관에서 경제학 원서를 번역하

---

\* 임미리 박사는 당위형 자살을 유발하는 문제상황은 지배세력과 저항세력이 추상적으로 충돌하는 상황이라고 설명한다. 추상적 충돌상황은 지배세력과 저항세력이 관념적으로 충돌하는 상황이다. 즉 개인에게 직접적인 폭력이 가해지지는 않았지만 추상적인 지배폭력에 저항하는 과정에서 발생하는 충돌을 말한다는 것이다. 5·18광주학살에 항의하는 학생운동이나 전방입소반대투쟁, 대통령선거 때의 여당 후보 반대운동, 88올림픽 공동개최 요구투쟁 등이 여기에 해당한다고 설명하고 있다. 대학생들의 학원민주화투쟁이나 교대생들의 교육정상화투쟁, 전방입소반대투쟁의 경우 구체적 충돌상황으로 보이기도 하지만 추상적 충돌상황으로 해석해야 한다고 한다. 왜냐하면 개인에게 가해진 구체적이고 물리적인 폭력을 회피하려고 자살한 것이 아니기 때문이라는 설명이다.

고 있었다. 창밖으로 침묵시위를 벌이던 학생들이 경찰과 사복형사들에게 구타당하며 질질 끌려가고 있는 모습을 보았다. 광주일고 출신이었던 김태훈은 그가 고등학교 1학년이던 1975년 4월 16일 김상진의 추도식을 강행하려고 모였다가 무산되었던 일을 떠올렸다. 그는 "전두환 물러가라"는 짧고 굵은 외침을 남기고 투신하여 생을 마쳤다.

이런 학내·외 분위기는 송광영이 무언가 결단을 내리지 않으면 바뀌지 않을 것이라는 생각을 더 확고하게 하는 계기가 되었다. 하지만 분신을 결심하게 된 결정적인 계기는 그해 8월 15일 홍기일의 분신이었다. 홍기일은 5·18광주항쟁에 참여했다가 총상을 입은 시민군이었다. 1984년 미장공으로 취업해 사우디에 다녀온 뒤 일용직 건설노동자로 일했다. 홍기일은 "5·18에 살았다는 것이 부끄럽고 제국주의 침략에 항의하기 위해 8·15를 선택했다"는 말을 남겼다. 정권의 강경책으로 학원안정법을 꼽으면서 그 때문에 학교가 감방이 되었다고 질타했다. 홍기일의 죽음은 재야에서 처음으로 공동 대응한 저항적 자살이었다고 임미리 박사는 기록하고 있다.

송광영의 분신은 전두환 독재정권에 저항하는 학생운동의 상징적인 사건이었다. 송광영은 폭압적인 독재정치에 맞서 정의를 외쳤다. '아무것도 하지 않고 살아있는 것이 부끄럽다'던 송광영의 희생은 민주화운동 확산에 일조했다.

송광영의 어미로서 이오순은 이 상황이 혼란스럽기만 했다. 밥 한 끼 제대로 먹기 쉽지 않은 세상이었다. 하루 벌어 하루 먹고 사는 사람들에게 도대체 학원안정법이 무엇이고, 독재 타도가 뭐란 말인가. 밥 나오는 일인가? 돈 나오는 것인가? 광영은 왜 그런 소리를 지껄이다가 제 몸을 불사른단 말인가.

송광영분신구명대책위원회(대책위)는 송광영 분신 항거를 알리는 성명서를 발표하고 병원 현장 보호와 감시, 송광영 자료 수집과 정리, 모금활동, 홍보 활동 등 각자 역할을 맡아서 분주하게 움직이기 시작했다. 경찰과 안기부는 광영의 분신 항거를 매우 엄중한 상황으로 판단했고 되도록 조용히 마무리하려고 했다.

송광영의 분신 소식은 집회시위 현장에서 빠르게 확산되었다. 대책위의 홍보가 큰 역할을 했다. 주요 언론에서는 단 한 줄도 다루지 않았다. 성남지역신문과 경원대 학보에서 분신 소식을 기사화했을 뿐이다.

## 고통 속 아들의 마음을 읽다

10월 셋째 주에 이르자 화상의 고통이 더 심해지는 것 같았다. 광영은 고통을 이겨내기 위해 안간힘을 썼다. 때로는 악을 쓰며 싸우라고 소리쳤다.

"야! 뭐해? 나가서 싸워! 나를 위로하지 마! 그 힘으로 싸워!"

김해성 목사는 화상의 고통을 십자가 처형방식에 비유해서 설명했다.

"송광영 열사의 경우 이 세상에서 가장 힘든 고통을 겪었다고 생각해요. 예수의 처형과 비견되는 고통이라고 생각되는데…. 십자가 처형은 뙤약볕에 홀딱 벗겨서 손발에 못을 박아 매달아 놓고, 다리를 꺾어버린다거나 도망가지 못하도록 옆구리를 창으로 찔러서 온몸의 액체를 다 빼내는 형벌을 말합니다. 꼬들꼬들 말라 죽는 고통을 끝까지 느끼게 하는 악랄한 처형 방법이 로마의 십자가 처형인데 예수가 그런 처형을 받았던 것이지요. 그런데 화상투병이 이와 같다고 생각해요. 제가 몇 번 화상치료 하는 것을 봤는데, 송광영 열사의 경우 몸의 70~80% 화상을 입었어요. 온몸에 화상을 입었기 때문에 약을 발라야 하는데 어디서부터 어떻게 발라야 할지 엄두가 나지 않는 상황이지요. 그러니까 넓은 욕조에다 소독제를 풀어 놓고 시트로 싸요. 그런 다음 몇 사람이 환자를 들어서 욕조에다 풍덩 담그는 거예요. 손가락 조금 다친 데 소독약을 부어도 쓰리고 아픈데 온몸에 화상을 입은 그 몸뚱아리를 그냥 소독약을 푼 욕조에 담그는 거예요…. 그렇게 소독을 해서 상처가 좀 꼬들꼬들해지다가 또 진물이 나요. 상처가 곪고. 그러면 그 상처를 핀셋으로 다 긁어내는 거예요. 사정 봐주지 않아요. 그냥 막 팍팍 긁어내요. 불에 그을린 피부며 짓무른 피부를 다 긁어내요. 긁어낸 다음에 연고를 바르는 거예요. 그리고 온몸을 다시 붕대로 감싸요. 미라처럼 흰 붕대를 눈, 코, 입만 빼고 다 감는 거죠. 그 과정을 다음날 또 되풀이해요. 참을 수 없는 고통이지요. 송광영 열사는 이 과정을 34일 동안 겪은 거예요."

이오순은 광영이 사망하고 난 뒤에도 자신을 부르는 소리를 자주 들었다. 환청이었다. 엄마가 아무것도 해 줄 수 없다는 것을 알면서도 목이 터져라 부르던 그 목소리.

"엄마! 엄마!"

그리고 또 한 사람, 간호사. 두 사람을 애타게 불렀지만 광영의 고통은 줄어들지 않았다.

"나를 위로하지 마! 그 힘으로 싸워!"

학생대표들이 감시와 통제의 어려운 관문을 뚫고 병실로 찾아올 때마다 소리쳤다. 민주인사들에게도 같은 말을 되풀이했다.

"바깥 상황은 어떻습니까? 밖에서 싸워주십시오."

이오순은 광영이 싸우라고 하던 그 목소리가 떠오를 때마다 가슴이 뜨거워졌다. 광영은 모두에게 독재와 싸우라고 소리쳤지만 싸우고 있는 사람은 광영 자신이었다. 숨을 쉴 때마다 올라오는 뜨거움을 이기려고 싸우는 중이었다. 숨을 멈추고 싶을 만큼 약해진 마음을 다잡는 외침이었다.

"싸워! 멈추지 마!"

그것은 광영이 자신을 다그치는 말이었다.

1985년 2학년이 된 광영은 총학생회 선거 운동을 하면서 친구들에게 말했다.

"나는 가정을 포기하고, 인생의 목표를 포기하고, 목숨을 버릴 각오가 되어있다."

민주화운동에 헌신할 각오를 이미 하고 있었던 것이다. 분신하기 며칠 전 후배들과 함께한 술자리에서도 같은 말을 했다.

"모두 버려라. 우리가 가진 모든 것을 버리지 않으면 우리는 아무 일도 할 수 없다. 사랑도 버려야 하며, 훗날 우리는 부모님도 버려야 한다. 난 이미 모두 버렸다."

광영은 언론에 발표된 학원안정법 제정에 관한 보도를 읽으면서 무언가 결정적인 행동이 필요하다고 말했다. 학원안정법이 국회 의

결로 제정되면 분신으로 항의하겠다는 말을 하기 시작한 것은 1985년 여름부터였다.

이오순은 정부가 대학생들의 민주화운동 의지를 꺾으려고 학원안정법을 제정하는 것을 용납할 수 없었던 것이라고 이해하기 시작했다. 민주화의 길은 멀고 험난하다는 것을, 한 사람이라도 더 힘을 모아 싸워야 한다는 것을 온몸으로 보여준 것이라고 이해했다.

이런 생각도 잠시였다. 이오순은 광영의 비명소리를 들으면 현실로 돌아왔다.

"나를 위로하지 마. 나가서 싸워!"

갈라진 광영의 목소리가 이오순의 가슴을 후벼 팠다. 이오순은 광영이 분신하기 전, 8월 말에 보내온 편지를 꺼내 찬찬히 읽었다. 그때는 참으로 이상한 편지라는 생각뿐이었다. 그때도 마치 유언처럼 느껴졌다. 단순한 안부편지가 아니라는 생각은 했었다. 그 이유를 그제야 알 것 같았다.

"제가 굳이 이 길을 택하고자 하였던 것은 철저히 자유로워지고 싶은 저의 결단입니다. 어느 누구도 저를 설득하거나 권유하지 않았습니다. 제가 공부하고 행동하며 배운 운동은 철저한 자기희생의 기반에서 비롯되어야 함을 깨달았을 뿐입니다."

광영이 자신의 신념을 위해 목숨을 바치겠다는 각오를 써보낸 편지였다는 것을 그때는 알아차리지 못했다.

## 떠났지만 보낼 수 없는 아들

 10월 중순이 되자 광영의 상태가 조금씩 호전되기 시작했다. 입원한 지 20여 일이 지나고 있었다. 호전되고 있다고는 하지만 병원에서 가족들이 할 수 있는 일은 없었다. 이오순은 행상을 계속하면서 면회시간에 광영을 보러 왔다. 등과 팔의 상처는 아직 심했지만 배 부분은 점차 나아지고 있었다. 광영은 가족들에게 자꾸 미안하다고 했다. 이오순은 마음이 조금 놓였다.
 "미안해야지. 내가 너를 어떻게 낳아서 길렀는데."
 이오순은 비명소리가 아니라 대화를 나눌 정도로 호전된 광영의 상태가 기뻐서 하지 말아야 할 말이 튀어나올 뻔했다. 다시는 임신하지 않으려고 남편을 피해 다녔다는 말, 너를 어쩔 수 없이 낳았지만 다른 자식들보다 오래 업어 키웠다는 말. 이오순은 광영이 어려서부터 남다르게 빨리 배우고 빨리 자라서 기대가 컸다는 말도 삼켰다. 어려운 사람을 보면 외면하지 못하는 성품도, 그래서 큰사람으로 자랄 것이라는 기대가 있었다는 말도 아꼈다. 그녀의 기대가 막내아들에게는 부담이 될 수도 있을 것이라는 생각이 문득 들었기 때문이었다.
 "나는 우리 광영이가 법대에 입학하길래 이제는 되었다, 안심했네. 그런데 이런 꼴로 병원에 누워있으니 억장이 무너지네. 미안해야지. 암!"

이오순의 말에 광영은 모처럼 웃는 낯으로 가족들을 바라봤다.

"어머니! 먹고 싶은 것이 있어요. 엄마표 김치. 잘 익힌 김치."

이오순은 면회가 끝나자마자 집으로 달려갔다. 생각해보니 광영은 그녀가 끓여준 김치찌개를 제일 좋아했다. 매운 김치찌개는 먹지 못할 것이니 백김치라야 했다. 이오순은 정성을 다해서 김치를 담갔다. 부랴부랴 담근 김치를 밖에서 하룻밤 재웠다. 다음날 소고기를 갈아 끓인 죽과 함께 갖고 갔다. 이오순은 붕대를 감은 손으로 죽을 떠먹는 막내아들을 지켜봤다.

"맛있다. 살 것 같아요."

이오순은 김치 맛이 어떠냐고 물었다. 광영은 왼손을 번쩍 들어 올렸다. 엄지손가락을 척 세우고 싶었겠지만 손가락까지 붕대로 감은 상태라서 어쩔 수 없었을 것이다. 이오순은 미소로 답해주었다.

"어머니! 이거 어머니가 담근 것 아니지요? 어디서 얻어온 것이지요?"

이오순은 막내아들의 농담을 들으며 눈시울을 붉혔다. 고통이 사라져서 그런 여유를 부리는 것이 아니라는 것을 알기에 마음이 더 아팠다.

"어머니! 이 병원이 어떤 곳인지 아세요?"

"모르지."

"YH무역이라고 여성노동자들이 가발 만들던 공장과 기숙사가 있던 곳이에요. 여성노동자들의 삶과 투쟁이 있었던 역사적인 장소. 어머니처럼 돈 벌어서 오빠 동생들 학교에 보내고 가족들 생계를 맡았던 노동자들이 일했던 곳…."

이오순은 말을 하다 말고 얼굴을 찌푸리는 광영을 걱정스럽게 바라봤다. 이대로 나아서 퇴원하면 좋겠다는 생각이 들었다. 하지만 그것은 꿈이었다. 곧 치료해야 할 시간이었다. 광영은 겨우 서너 숟가락을 떠먹은 후에 쟁반을 밀어냈다. 때마침 간호사가 들어왔다. 치료하는 동안에는 가족들을 병실에서 나가라고 했다. 이오순은 쟁반을 들고 병실에서 나왔다. 복도에서 병원을 둘러봤다. 세창상회 합숙소 다락방이 생각났다. YH무역 여성노동자들도 합숙소에서 발도 제대로 뻗지 못하고 자고 먹으며 일했을 것을 생각하자 마음이 아팠다. 여자들의 기구한 일생은 참 많이 닮았다는 생각이 들었다.

"YH무역 노동자들의 투쟁 이야기는 참 가슴 아파. 나는 이 병원의 역사까지는 잘 몰라. 그런데, 여성노동자들이 돈을 벌어서 무엇을 했을지는 잘 알지. 월급 타서 가족들 생활비 대고, 오빠 동생 학비 대고, 부모 병원비 대고…, 나나 우리 영숙이, 광영이 살아온 삶과 크게 다르지 않은 사람들이 일했던 곳, 그래서 역사적인 곳, 여기서 우리 광영이도 꼭 나아서 새 삶을 살면 좋겠다, 생각했지."

-이오순 생전 구술, 『송광영 평전』 집필팀 자료

광영의 병세는 날마다 조금씩 나아지고 있는 것 같았다. 가끔 일어나서 병실을 걸어 다니기도 했다. 광영이 입원해있던 중환자실에 또 다른 화상환자가 함께 입원해 있었다. 광영은 그 사람도 민주화운동하다 분신한 줄 알았던가 보다. 그 사람에게 힘내라고 위로하면서 이렇게 말했다.

"우리 같은 사람이 무더기로 들어와야 해. 왕창 목숨을 걸어야 해."

이오순은 광영을 물끄러미 바라봤다. 감히 어미를 생각하면, 가족을 생각하면 어떻게 저런 말을 할 수가 있을까. 서운하고 야속했다. 행상으로 지친 이오순의 팔다리를 주무르면서 "어머니 때문에 안마사가 되어야겠어요"라고 하던 아들은 어디로 갔을까. 더 가슴 아픈 일은 이런 끔찍한 일을 저질러 놓고도 절대로 후회하지 않는다고 큰소리치는 것이었다. 조금씩 나아지고 있다는 것에 위로를 받을 수밖에 없었다.

"사과를 깎아주면 반쪽 정도 먹기도 하고, 병실을 걸어 다니면서 점점 더 나아지고 있는 모습을 보여주기도 하고 웃기도 했어. 하얀 붕대로 온몸을 감싼 채 병실을 걸어 다니니까 영락없이 누에고치가 굴러다니는 것 같더라구. 어렸을 때 누에 키울 때 뽕잎 따다 먹이던 생각이 나서 우습기도 하고 슬프기도 했어."

-이오순 생전 구술, 『송광영 평전』 집필팀 자료

찬영은 1985년 11월에 결혼할 예정이었다. 광영이 병원에 입원해 있으니 결혼식을 치러야 할지 미뤄야 할지 고민이 많았다. 마침 예비 신부가 병문안을 왔다. 광영은 환하게 웃으며 말했다.

"결혼식 날 꼭 갈게요. 와이셔츠 윗단추 꼭 잠그고 넥타이 매서 목에 난 흉터 안 보이게 잘 여미고 결혼식장에 갈게요."

가족들은 꼭 그렇게 될 것이라 믿었다. 찬영의 결혼식은 예정대로 진행하기로 했다. 그런데 예비 신부가 다녀간 지 사흘 만에 광영은 세상을 떠났다. 병세가 급격하게 나빠졌다고 했다. 병원 의사는 일요일에는 근무를 안 하니까 금요일과 토요일 이틀을 연달아 치료를 받아야 했다.

"그런데 엄마의 예감이라는 게 있나 봐. 그날, 광영이 목소리가 살이 타들어 가기라도 하듯이 널뛰기를 하는데, 이상하게도 아, 이제 가려는가 보다, 싶더라고. 그때 둘째 아들이 옆에 있었는데 내가 그랬어. 오늘 밤에는 병원에 엄마랑 같이 있자, 그랬더니 아들이 네, 같이 있을게요, 하더라고."

-이오순 생전 구술, 『송광영 평전』 집필팀 자료

이오순과 선영은 병실 밖 복도에서 광영의 비명소리를 듣고 앉아 있었다. 광영이 아무리 비명을 지르며 엄마를 불러도 경찰들은 들여보내 주지 않았다. 광영은 간호사를 애타게 불렀다. 새벽 1시가 넘은 시간이었다. 갑자기 경찰이 가족들은 들어와 보라고 했다. 새벽 1시부터였는지 그 이전부터였는지 광영의 비명소리가 들리지 않았다는 생각이 들었다. 병실에 들어가서 봤더니 광영이 죽은 듯이 조용하게 누워있었다. 더럭 겁이 났다. 이오순이 물었다.

"무슨 일이요?"

간호사가 태연한 목소리로 대답했다.

"잠시 조용해질 때도 있어요."

간호사의 말을 믿을 수도 믿지 않을 수도 없었다. 그렇게 얼굴 한 번 보고는 다시 복도로 쫓겨났다. 그때 이오순은 옛 어른들 말이 생각났다. 남자들은 불알이 누워있으면 안 죽은 것이고 불알이 딱 오그라져 붙어있으면 죽은 것이라던 옛말이. 그래서 부리나케 다시 병실로 뛰어들어가서 광영이 아랫도리를 벗겨서 살폈다. 불알이 딱 오그라들어 붙어있었다. 이오순은 그대로 털썩 주저앉아버렸다.

"갑자기 모든 것이 후회되더라고. 경찰이 들어오지 말란다고 얌전히 밖에서 기다리다가 아들 임종을 보지 못했어. 아들 임종도 지켜보지 못한 어미야, 내가. 나는 두 손을 모으고 기도만 했어. 광영이의 고통스러운 절규를 들으면서 제발 저 고통이 제값을 하게 도와주라고 빌었어. 우리 광영이 벌떡 일어나서 새 삶을 살 수 있게 도와달라고 빌고 또 빌었어. 민주화운동하겠다고 뛰어다녀도, 학교를 그만두어도, 경찰들이 찾아와서 우리 가족을 아무리 괴롭혀도 내 아들만 살아있다면 다 견딜 수 있다고. 그러니 내 아들 좀 살려달라고 애원했어. 그런데 원통하게도 우리 광영이는 가버린 거야. 나를 두고서…, 이 어미를 두고서…."

-이오순 생전 구술, 『송광영 평전』 집필팀 자료

## 가슴에 묻고 새긴 아들과 그 뜻

이오순의 막내아들 광영은 1985년 10월 21일 새벽 1시 45분에 운명했다. 점차 호전되고 있다고 여겼던 가족들은 광영의 죽음이 갑작스러웠다. 이오순은 광영이 실려 나간 중환자실 바닥에 앉아서 일어설 줄 몰랐다. 영숙이 넋을 놓고 있는 이오순을 일으켜 세웠다.

"어머니. 그렇게 울고만 있으면 안 돼요. 경찰들이 광영이 시신을 뺏어갈 수도 있대요. 정신 바짝 차려야 해요. 어머니…, 정신 차리세요."

이오순은 영숙이와 기독교병원 영안실로 달려 내려갔다. 영안실에는 벌써 경찰들이 쫙 깔려있었다. 그들은 유족들도 영안실로 들여보내 주지 않았다. 모녀는 무엇을 어떻게 해야 할지 몰라 허둥댔다. 무엇을 하려고 해도 경찰들이 막아서는 바람에 화가 나고 황당해서 정신이 없었다. 영숙이 병원을 빙 둘러싸고 있는 전경들을 밀치며 바락바락 소리를 질렀다.

"동네 사람들! 내 동생이 죽었어요. 이놈들이 죽였어요. 이 나쁜 놈들이 동생 시신도 못 보게 해요. 세상천지에 이런 일이 어딨어요?"

경찰 간부가 잽싸게 다가와 영숙의 입을 틀어막았다. 영숙은 경찰의 손을 뿌리치며 발악했다. 역부족이었다. 영숙이 몸부림치자 전경들이 서로 더 가까이 견고하게 붙었다. 그러는 중에 장례위원 중 한 사람이 말했다.

"어머니! 저들이 무슨 말로 겁박을 해도 광영이는 화장하지 마세요. 반드시 매장해야 합니다!"

이오순은 '화장'이라는 말을 듣자 머리끝까지 화가 치밀어올라 휘청댔다. 허공에 종주먹을 들이대며 발악했다.

"화장이라니. 불에 타 죽은 내 아들을 또 화장하라고? 못해! 절대로 그렇게는 못 해!"

이오순은 혼신의 힘을 다해 외쳤다. 경찰들이 철통같이 막고 있으니 병원으로 들어가지는 못할지라도 듣기는 할 것 같았다.

"내 눈에 흙이 들어가기 전에는 우리 광영이 화장 안 해! 양지바른 곳에 묻어 줄 거야. 누구든 화장하라는 말만 꺼내 봐. 그놈이 우리 광영이 꼬드겨 죽인 놈이라고 여길 거야!"

이오순은 다시 한 번 외쳤다. 그 목소리는 영혼의 마지막 한 방울까지 짜내 외친 절규였다.

송광영분신구명대책위원회는 곧바로 장례위원회로 전환되었다. 문익환 목사가 장례위원장을 맡았다. 경찰은 장례위원장을 포함한 장례위원 그 누구도 영안실에 들어오지 못하게 막았다. 오히려 문익환 목사는 경찰에 끌려갔다. 김해성 전도사가 경찰의 행태를 비판하며 항의했다. 영숙은 땅바닥에 널브러지듯 주저앉아 울부짖었다. 영숙의 울음은 동생의 죽음을 슬퍼하는 절규이자 장례를 방해하는 경찰에 대한 저항이었다. 이해학 목사가 이오순에게 장례 절차를 의논해왔다. 이오순은 그가 무슨 말을 했는지 기억하지 못했다.

경찰은 영안실 위층에 지휘본부를 설치하고 장례를 감시했다. 오늘 장례를 치러라 말아라, 관을 사라 말아라, 장지를 강원도 춘성으로 해라 말아라…. 하지만 이오순의 귀에는 아무 소리도 들리지 않았다.

선영이 장례의 모든 의례는 장례위원회에 일임하겠다고 알렸다. 영숙은 경찰이 시신을 빼앗아 어딘가로 빼돌릴지도 모른다면서 모든 가족과 친지들을 불러 모아 시신을 지켰다.

송광영장례위원회는 장례를 삼일장으로 치르기로 경찰과 합의했다. 모든 일정은 장례위원회와 경찰의 합의로 이루어졌다. 이오순은 입관식에도 참석하지 못했다. 광영이 얼굴 한번 만져보지 못하고 관이 닫힌 것이다. 시커먼 관뚜껑을 부여잡은 이오순의 어깨가 미세하게 떨렸다. 장례식도 하지 못했다. 광영의 죽음이 두려웠던 정권은 어떻게든 빨리 매장하고 끝내려고만 했다.

장례식을 더 미룰 수 없었던 이유가 또 있었다. 경찰들이 병원 주변과 영안실을 완전히 통제하는 바람에 다른 유족들의 피해가 컸다. 장례 절차로 더 시간을 끌 수는 없었다.

장지는 파주시 탄현면 금촌 기독교인공원묘역(기독교묘역)으로 가기로 했다. 장례위원회에서 정했는데 성남 주민교회 신도였던 김종태 열사가 묻혀있는 곳이라 했다.

장지로 가는 길은 순탄하지 않았다. 경찰들은 유족도 모르게 강원도 홍천으로 장지를 바꾸려고 했다. 영숙이 눈치 빠르게 알아차렸다. 영숙은 화를 참지 못하고 고래고래 소리를 지르며 항의하다 장의차 앞에 누워버렸다.

"그렇게 우리 광영이가 무섭냐? 나도 죽여라. 나를 죽이지 않고는 지나갈 수 없다!"

영숙이의 빠른 판단, 가족들의 비탄 어린 항의, 학생들과 민주인사들의 거친 반발에 밀려서 장의차는 본래 예정했던 대로 금촌으로 갔다. 오후 6시 30분에 장지에 도착하자 벌써 해가 지고 있었다. 횃불을 밝히고 관을 묻었다.

이제 광영의 죽음은 확실해졌다. 광영의 외침은 광영의 죽음을 애도하는 사람들의 기억 속에 깊이 박혔다. 광영이와 다시는 함께 웃고, 밥을 먹고, 어깨를 걸고 운동장을 돌며 독재 타도를 외칠 수 없다는 사실만이 현실이었다.

이오순은 해가 뉘엿뉘엿 지고 있는 공동묘지에서 수많은 사람들이 흐느끼고 있는 모습을 멍한 시선으로 바라봤다. 수많은 사람들이 횃불을 들고 광영의 관 위에 흙을 덮었다. 경찰들은 왜 광영의 장례식도 치르지 못하게 그렇게도 요란하게 막았는지, 장지까지 따라온 그 많은 사람들은 왜 자신의 일처럼 몸을 사리지 않고 헌신했는지, 자식이 죽었는데 어미인 자신은 뒷전에 내쳐진 듯한 기분이 드는 이유는 무엇인지 알 수 없었다. 이 모든 일들을 결정하는데 이오순은 아무런 역할을 하지 못했다. 장례위원회에서 자신의 일처럼 알아서 진행해주었다. 고마웠다. 하지만 황당했다.

이오순은 광영을 묻은 지 사흘째 되는 날 자리를 털고 일어났다. 금촌 기독교묘역에 가야 했다. 광영이 묻힌 곳은 외지고 쓸쓸한 곳이었다. 김종태 열사도 묻혀있고 김의기 열사도 그곳에 묻혀있다지만 아무런 표식도 없는 무덤은 외로워 보였다. 광영도 그렇게 외롭고 쓸쓸한 모습으로 거기에 묻혀있었다. '송광영의 묘'라는 표식이라도 해두고 싶었다. 가족들과 함께 길을 나섰다. 금촌 기독교묘역 후미진 응달을 찾아가는 길은 멀었고, 한 걸음 한 걸음이 팍팍했다.

그날은 오롯이 가족끼리 광영의 묘를 마주했다. 작은 둔덕 앞이었다. 묘역 앞으로 너른 들이 펼쳐져 있고 들판 끝에는 저수지에서 흘러내려 온 물이 내를 이루었다. 그 너머는 검은 숲이 울창했다. 이오순과 가족들은 광영의 묘 앞에 묘비석을 세웠다. 전면에는 〈민주투사 송광영의 묘〉라 새기고 뒷면에는 광영이의 약력을 새겼다. 〈1958년 10월 전남 광주 출생. 1974년 2월 서울 경신중학교 졸업. 1975년 ~76년 청계노조 활동. 1984년 3월 경원대학교 법학과 입학. 1985년 9월 17일 군사독재에 항거 분신〉

막내아들 광영의 묘 앞에 있는 김종태 열사의 묘는 묘비석도 없이 허물어지고 있었다. 이오순은 허물어지고 있는 묘를 토닥거렸다. 생전의 광영은 나이도 같고 고향이 같은 김종태 열사를 좋아했다고 했다. 김종태 열사는 성남 주민교회 신도였다. 광영은 김종태와의 인연으로 성남지역 시민사회운동단체와 소통했다. 경원대에서 김종태 열사 추모제를 주도하기도 했다. 광영이 금촌 기독교묘역에 안장된 것도 성남 주민교회 이해학 목사와 김해성 목사의 권유였다. 광영이 주민교회에 다닌 것은 아니었다.

경기도 성남은 1971년 '광주대단지 사건'의 여파로 서울근교의 어떤 도시보다 사회운동이 활발했던 곳이다. 수도권 특수선교회 소속의 이해학 목사가 주민교회를 설립해서 빈민운동과 통일운동을 전개했다. 1970년대 중후반에는 서울 성수동의 공장들이 성남으로 대거 이전했다. 1978년 베네딕트수도회의 소피아 수녀가 '만남의집'을 설립해 노동자들을 지원하면서 성남 노동운동은 비약적으로 성장했다. 성남의 노동자 김종태는 1974년부터 노동야학인 한울야학에 다녔다. 주민교회, 만남의집, 학생운동 출신 야학 교사들의 영향을 받았던 김종태는 '밥 먹고 일만 하는 버러지 생활'에서 벗어나기 위해 독서토론회를 조직하고 근로기준법을 공부했다. 김종태는 분신 직전 성남 주민교회 전도사였던 이해학 목사에게 '내 작은 몸뚱이를 불싸질러서 광주 시민 학생들의 의로운 넋을 위로해드리고 싶습니다'라는 유서를 남겼다. "김종태 열사의 분신은 그의 삶과 자살 시점으로 보았을 때 광주영령의 애도를 위해 전태일의 분신자살을 재현한 것"이라고 『열사, 분노와 슬픔의 정치학』의 저자 임미리 박사는 설명한다.

이오순은 허물어지고 있는 무덤의 흙을 돋우고 토닥거리며 빌었다. "우리 광영이 잘 부탁합니다."

노동자 김종태 열사는 1980년 6월 9일 서울 신촌사거리에서 분신하여 유명을 달리했다. 그는 광주항쟁에서 살아남았다는 부채감을 토로하곤 했다고 한다. 광주학살 책임자 처벌을 요구하며 분신 항거했다. 김의기 열사가 투신 항거한 지 10일 만이었다. 김종태 열사는 1997년 5월 16일, 김의기 열사는 2000년 국립5·18민주묘지로 이장했다.

집으로 돌아오는 길. 차창으로 보이는 바깥 풍경이 낯설었다. 모든 것이 환상 같았다. 가족, 거리, 광영의 죽음, 이 모든 것이 환상이었다. 먼 것이건 가까운 것이건. 진실은 멀고 먼 금촌 기독교묘역이고, 광영이 없는 작고 작은집이었다. 아직도 뇌리에서 들려오는 비명소리와 적막감만이 진실이었다. 늦은 밤 횃불을 밝히고 차가운 땅속에 광영을 묻었던 그 순간만이 진실이었다. 그날의 노을빛만이 진실이었다.

## 내민 손 붙잡고 아들의 뒤를 이어

이오순은 광영을 보내고 삶의 활기를 잃은 채 기계적으로 움직이고 있었다. 광영이 가고 나자 광영이 친구들과 유가족, 민주인사들이 집으로 찾아왔다. 문익환 목사가 찾아왔을 때가 기억났다. 손이 참 따뜻했다. 온화한 목소리, 부드러운 인상, 큰 키의 문익환 목사는 광영이 겨레의 등불을 밝힌 애국자라고 말했다. 그 누구도 전두환 물러가라고 말하지 못할 때였다. 전두환이라는 이름을 입 밖으로 내는 것만으로도 두려움에 떨었다. 그런데 그 독재자를 물러나라고 외치고 살신성인한 것이다.

"훌륭하다. 그래도 어머니의 가슴은 얼마나 아플 것이냐. 미안하다. 그리고 고맙다."

문익환 목사는 이오순을 위로하고 격려했다. 기운 내서 함께 싸우자고 했다. 송광영의 뜻을 저버리지 말자고 했다. 그 길에서 문익환 목사도 끝까지 함께 할 것이라고 다짐하듯 말했다.

문익환 목사는 이오순을 만날 때마다 따뜻한 말로 격려하고 위로했다. 사람으로 존중받는 기분이었다. 문익환 목사를 만나면 참 좋았다. 힘이 났다. 문익환 목사와 함께라면 무엇이든 할 수 있을 것 같았다. 문익환 목사만이 아니었다. 유가족들, 광영이 친구들이 모두 가족처럼, 자식들처럼 따뜻하고 친절했다.

김종태의 어머니 허두측도 자주 찾아와서 위로해주었다.

"광영이가 죽어가면서 이루고자 했던 뜻을 어머니가 살려야 합니다. 우리는 자식이나 가족의 죽음을 헛되지 않게 하려고 거리에서 투쟁하면서 살아요. 자식 보낸 마음은 어떻게 해도 잊히지 않습니다. 그래도 동지들과 함께 있으면 그 순간만이라도 잊혀져요. 투쟁하면서 악을 쓰고 나면 속이라도 시원해지고 그러드라구요."

허두측은 이오순의 집에 자주 찾아와서 동병상련의 마음을 나누었다.

유가족뿐만 아니라 경원대학교에서도 찾아왔고 경찰에서도 찾아왔고 광영이 친구들도 찾아왔다. 경찰이 찾아왔을 때는 소리소리 질러서 내쫓아버렸다. 장례도 치르지 못하게 방해했던 것이 생각나서 괘씸하고 불쾌했다. 광영을 간호했던 간호사도 경찰이었다는 사실을 알고 나자 더 분했다. 유족하고 상의도 없이 장지를 강원도 홍천으로 바꾸려고 했던 공권력이었다. 도대체 '왜 찾아오는가? 나도 죽을까 봐 감시하는가? 광영의 죽음이 그렇게도 무서운가? 그래서 제대로 장례도 치르지 못하게 감시하고 속였던 것인가?' 이오순은 자식이 죽은 것도 억울한데 감시받는 듯한 기분이 들어 속상하고 짜증이 났다. 이소선이 이오순의 어지러운 마음을 공감해주었다. 이소선은 이오순을 언니라고 부르며 따랐다. 둘이 손잡고 같이 민주화운동을 하자고 했다.

"모두들 자식 잃은 어미의 마음을 위로한다고 찾아오는 데 못 오게 할 수도 없을 것이오. 하지만 우리 유가족들은 당신의 마음을 압니다. 우리에게는 동병상련의 마음이 있잖아요. 자식이 무엇을 이루기 위해서 목숨을 바쳤는지 기억하기 위해서 우리가 모인 것입니다. 우리와 함께 갑시다."

이오순은 투신해 죽고, 목매 죽고, 분신해 죽고, 어떻게 죽었는지도 모르고 행방불명된 자식들을 껴안고 살아가고 있는 유가족들이 내민 손을 잡았다. 유가족과 손을 잡자 광영이 오롯이 되살아난 듯 여겨졌다. 유가족들과 날마다 대학교에 찾아가서 시위했다. 죽지 말고 싸우라고 당부했다. 학생들과 함께 거리투쟁에 나섰다. 그 모든 순간을 광영이와 함께했다.

이오순의 집에 방문객이 찾아올 때마다 이오순의 작은 집은 잔칫집처럼 북적였다.

"막둥이 죽고는 무슨 잔칫집 맨치로 북적였어. 새해가 되면 세배하러 학생들이 찾아와요. 그러면 음식을 이 마루에서 건넌방, 마당에까지 막 차려 내. 이렇게 큰 양은 다라이로 잡채를 한가득 무쳐도 감당이 안 돼. 부족해. 학생들이 얼마나 많이 먹어요. 한창때잖아요. 그러니까 음식을 작게 해갖고는 안 돼. 설날 떡국을 끓여. 30~40명은 적게 온 거여. 어느 때 한번은 100명이 온 적도 있어. 아무리 떡국을 끓여도 끝이 없어. 그런 일을 힘들다 생각하면 못하지. 그냥 하는 거지. 하여튼, 사람이 끊이지 않고 찾아왔어. 그때 종태 엄마는 우리 집에서 먹고 자고. 우리 집에서 그냥 살았어. 유가협하고 우리 집이 가까웠어. 마을버스 한 번 타면 우리 집이야. 그러니까 종태 엄마만이 아니라 누가 와있든지 한두 명씩은 항상 와 있어. 그냥 와서 살았어." -큰며느리 김점복

이오순은 산자교회에서 성가대로 활동했다. 왼쪽 맨끝이 이오순

성남 주민교회 이해학 목사와 그 신도들도 찾아와서 기도하고 위로해주었다. 이오순은 1986년 무렵부터 주민교회에 나가기 시작했다. 교회당의 작고 청정한 공간에 들어서면 마음이 고요해졌다. 담담한 표정으로 굽어보는 예수상 앞에 앉아 눈을 감고 두 손을 모으면 마음이 순해졌다. 가끔은 광영의 부활을 꿈꾸기도 했다. 다시 태어나서 부모 자식의 연을 맺게 된다면, 너를 그렇게 보내지 않을 것이라는 염원을 빌 수 있는 곳이 교회당이었다. 그것만으로도 좋았다.

김해성 전도사가 목사가 되어 주민교회에서 독립했다. 성남 산자교회였다. 이오순과 김점복은 산자교회에 1988년 1월에 등록했다. 지하철과 버스를 여러 번 바꿔 타고 가야 하는 먼 길이었다. 삼선교

에서 성남 산자교회까지 2시간 거리를 큰며느리 김점복과 왕복했다. 길이 멀어서 좋았다. 가도 가도 목적지에 도착하지 않을 것 같은 암담함이 오히려 마음을 편하게 했다. 마치 보이지 않는 손이 이오순을 이끌어주는 것 같았다. 맑고 투명한 눈이 이오순을 내려다보고 있는 듯한 느낌도 들었다. 산자교회에 가서 신장호의 어머니 정영자를 만나는 것도 큰 기쁨이었다.

이오순은 유가족들과 민주인사들을 따라 시위하러 다녔다. 집회가 끝나면 민주화운동가족협의회(민가협)** 회원들과 이야기를 나눴다. 광영이 왜 그 길을 택했는지 알아가는 중이었다. 이오순과 큰아들 내외, 영숙은 날마다 시위를 하러 다니는 것이 일이었다.

> "이제 막둥이 시동생이 그렇게 되고 나니까 '나는 민주화가 뭣인지도 몰라요' 하던 어머니가 막둥이 때문에 눈을 뜨고서는 맨날 데모만 하러 댕기는 거여. 어머니가 나가니까 아들들이 따라 나가고. 최루탄 맞고 오면 팬티까지 다 벗어서 빨아야 해. 그 한한('많은'의 전라도 사투리) 빨래를 다 손으로 빨았어."
>
> —큰며느리 김점복

---

** 1986년 8월 마리스타수도원 평화의집에서 '민주화운동유가족협의회'(유가협, 현재 '전국민주화운동유가족협의회')가 출범했다. 그 이전까지 유가족은 '민주화운동가족협의회'(민가협), 회원으로 활동했다. 민가협은 민주화운동하다 구속된 가족 구명, 석방 운동하는 단체다. 유가족들은 유가협의 필요성을 느꼈고 이오순, 이소선, 박정기 등 10여 명의 열사 유가족이 중심이 되어 만들었다.

시간은 쏜살같이 흘러갔다. 막내아들 광영을 금촌 기독교묘역에 묻은 지 1년이 되었다. 1986년 60세의 이오순은 늦깎이 투사가 되어 시위현장에서 살았다. '우리 광영이가 이렇게 외쳤겠구나' 생각하는 순간, 사람들이 보였다. '독재 타도! 호헌 철폐!'를 목청껏 외치고, 최루탄을 피해 죽으라 달리다 뒤돌아보면 희뿌연 최루가스 속에 갇혀 컥컥대는 유가협 동지들이 보였다. 지금까지 살아오면서 길을 되돌아간 적은 없었다. 오로지 먹고살기 위해 앞으로만 나아갔다. 자식들의 생각은 알지 못했다. 엄마로서 자신의 역할은 먹이고 입히고 학비 벌어서 공부하게 하는 것이라고 생각했다. 하지만 그 끝은 막내아들의 죽음이었다.

이오순은 시위현장에서 가만히 서 있지 못하고 시위대와 함께 달려 다녔다. 백골단이 시위대를 쫓아 우르르 달려왔다. 이오순은 그들을 향해 마주 달렸다. 최루가스 때문에 숨통이 끊어질 것처럼 아팠다. 이상하게도 극한의 고통 속에서 숨쉬기가 더 편했다. 어떤 때는 있는 힘껏 달려서 도망을 갔는데, 시위대 맨 앞에 그대로 서 있을 때도 있었다. 몸과 마음이 따로였던 것이다. 아니다. 그것이 아니었다. 평생 언덕길을 오르고 골목길을 걸으면서 머리에 인 물건을 다 팔아야 새끼들 밥을 먹일 수 있다는 생각으로 움직였던 발걸음과는 다른, 그 달리기는, 이 몸싸움은 투쟁이었던 것이다. 개인의 이익을 위한 싸움이 아니라 나와 이웃과 내 자식들의 미래를 위한 싸움이라서 물러설 수 없었던 투쟁….

민주화운동 하다 먼저 간 자식을 둔 어미들은 학생들이 잡혀가는 것을 구경만 하지 않았다. 물불을 가리지 않고 구하러 달려갔다. 머리카락은 흩어져 산발인 채로 악을 쓰며 달려들었다.

"내 아들을 어디로 끌고 가느냐?"

어머니들이 떼를 이뤄 덤벼들면 백골단은 슬그머니 손을 놓고 뒷걸음질을 쳤다. 이오순과 유가족들을 피하는 그들의 표정은 마치 귀신의 형상이라도 본 듯 겁에 질려있었다. 이오순은 돌멩이와 최루탄과 백골단의 추격이 난무하는 거리에 서 있을 때가 편하고 좋았다.

"내 아들 살려내라, 이 독재자 놈들아!"

그렇게 소리칠 때 통쾌했다. 이오순과 허두측은 누가 더 크게 소리 지르나 내기를 하듯 열성적으로 구호를 외쳤다.

이오순은 '광영이, 광영이, 우리 광영이'를 입에 달고 살았지만 어느 순간부터인지 그 말은 슬픔의 언어가 아니었다. 광영은 이오순의 가슴속에 영원히 살아있는 민주투사였다. 민주화운동을 하는 동지들이 영원히 기억해줄 열사였다. 이오순은 집에 찾아온 동지들을 광영을 맞이하듯 극진히 대접했다. 큰며느리 김점복이 조금이라도 소홀하거나 힘든 기색을 보이면 엄하게 꾸짖었다.

"우리 집에 찾아온 손님은 우리 광영이와 같은 사람들이다. 그들은 우리 가족이야."

김점복은 방문객을 맞이할 때마다 이오순이 서운하게 여기지 않도록 세심하게 신경을 썼다. 김점복도 자식을 키우는 어미로서 시어머니의 심정을 모르지 않았기 때문이었다.

이오순은 집회나 시위가 없는 날에는 행상을 계속했다. 장사를 그만둘까 생각도 했다. 하루 벌어 하루 먹고 산다는 말이 거짓이 아니었다. 그럼에도 장손 동수는 좋은 유치원에도 보내고 대학에도 보내주고 싶었다. 한영을 제대로 돌보지 못했다는 마음의 빚 때문만은 아니었다. 장손 동수만은 잘 가르치고 싶었다. 이 무렵 이오순의 행상은 단골들의 네트워크를 활용한 행상이었다. 단골이 자신의 이웃을 소개해주고, 그가 또 다른 고객을 소개해주는 식이었다. 일이 많지는 않았지만 고가의 물품을 팔았기 때문에 수입은 더 나았다. 이런 속사정은 그 누구에게도 드러내지 않았다. 조인식 유가협 사무국장이 이오순 일상생활의 단편을 들려주었다. 사무국장은 회원들의 사정을 파악하고 있어야 했다.

"장사해야 하니까 데모를 안 할 수도 있잖아요. 그런데 어머니는 그것을 병행하셨어. 이오순 어머니뿐만 아니라 유가족들이 대부분 그랬어요. 모든 생업을 팽개치고 데모만 쫓아다니는 어머니 아버지도 계셨어요. 속에서 천불이 나니까 가만있질 못하는 것이지."

김점복은 이오순이 담대하고 냉철한 성격이라서 그 험한 시간을 이겨냈을 것이라고 했다. 여장부처럼 당당한 사람이었지만 먼저 간 자식을 가슴에 묻고 사는 어미였다. 이오순은 담담하게 생활하려고 노력했지만 가슴 속에는 먼저 간 자식에 대한 그리움이 한 가득이었다. 광영을 보고 싶은 마음을 글로 썼다. 정확한 작성 시기는 알 수 없다. 가족교실에서 공부할 때였을 것으로 추정된다.


한없이 보고 싶은 광영아!

내가 어떻게 하면 너를 잊을는지…
눈만 감아도 너의 모습이 나를 찾아오는구나
먹을 것 입힐 것이 제대로 없어
너를 고생시키며 키운 일이 어미를 아프게 하고,
병상에서 그토록 아픔을 참으며 투병하던
너의 모습을 생각하면 눈물이 절로 나는구나
너의 죽음이 어떤 의미가 있는지 잘 알지 못하는 어미는
한 알의 밀알이 땅에 떨어져 죽어야 많은 싹이 나듯이
너의 죽음이 헛되지 않고 좋은 결과를 낳는 씨앗이 되었으면
바라는 마음, 믿는 마음으로 보고 싶음을 위로하고 싶구나
배운 것 없는 이 어미는 네가 죽었을 당시는 많은 고생으로
너를 키운 어미의 마음을 헤아리지 못하고 어미를 두고 간 네가
밉기만 하였지만 너의 장례식 때 경찰들과 싸우면서
네가 왜 죽어야 했는지… 어렴풋이나마 알 것 같구나
과연 어떤 사람이 민족을 위해 죽을 수 있을까?
없는 자를 보면 돕고 싶어 하고,

교통사고를 당한 친구를 위해 10일 동안 몸을 돌보지 않고 뛰어다니던 모습

학원 다닐 때 장학금을 타서 신문팔이 소년을 주고 왔다 말하던 모습

어미의 팔다리를 주무르면서 건강하게 오래오래 사시면 꼭 효도할게요, 하던 네 모습

너의 육체는 비록 어미 곁을 떠났지만

영혼만큼은 진정한 민주주의 이 나라를 만들고 싶어 하는 너의 뜻을 이루어주기 바라는 마음이다

보고 싶구나 광영아

- 이오순, 「한없이 보고 싶은 광영아!」 전문, 작성 시기 미상

6부

너희의 죽음이
헛되지 않도록

## 사라진 묘비석과 추모비

1987년 광영의 2주기 추모제가 가까운 어느 날, 이오순은 금촌 기독교묘역을 미리 둘러보러 갔다. 막내아들이 보고 싶기도 했다. 벌써 2년이 지났다. 세월은 참 무심하기만 했다.

그런데 광영의 묘비석이 사라지고 없었다. 마치 그 자리에 처음부터 묘비석은 없었던 것처럼 흔적도 없었다. 이오순과 영숙은 공권력이 또 광영의 죽음을 지우려고 공작을 시작했다는 것을 알아차렸다. 시신을 빼돌리려고 수많은 경찰들을 동원해서 감시하고 조문객을 발도 들이지 못하게 하더니 이제 묘비석마저 없애버린 것이다. 그 순간 이오순의 가슴이 뛰기 시작했다. 벌떡이는 가슴을 한 손으로 지그시 눌렀다. 폭풍전야의 고요함과 같은 분노였다. 공권력의 뻔뻔함에 가슴이 떨렸다. '이것이 독재라는 것이구나! 광영을 비롯한 수많은 젊은이들이 제 몸을 불살라 저항하는 이유가 이것이었구나!' 이오순은 입술에서 피가 나도록 이를 악물었다. 팽팽하게 당겨진 활시위처럼 온몸이 긴장했다.

"네 이놈들! 가만두지 않을 것이다!"

이오순은 제일 먼저 경원대 학생회에 알렸다. 1987년 10월 광영의 2주기 추모제를 지내고 파주경찰서 앞에서 항의 시위를 벌였다. 경원대 학생들, 가족들, 민주인사들, 민주화운동유가족협의회(유가협) 회원들 100여 명이 '훔친 비석 즉각 반환하라!'는 현수막을 펼쳐 들고 기독교묘역에서 파주경찰서까지 가두시위를 벌였다. 파주경찰서 앞은 이미 전경들이 정문을 가로막고 있었다. 이런 대규모 시위 진압을 해본 적이 없는 전경들은 우왕좌왕했다. 시위대와 전경들이 밀고 당기는 사이에 영숙은 담을 뛰어넘어 경찰서로 들어갔다.

영숙은 이오순과 항상 시위현장에 함께 갔다. 이오순이 행상을 하느라 못 가는 시위에도 참석했다. 광영이 분신했을 때 영숙은 서른여섯 살이었다. 젊고 활기찼던 영숙은 민주화운동 현장에서 누구보다 날랬다. 유가협 회원들과 친밀하게 지냈다. 열 살 되던 해 고향 신촌마을에 남아 가사노동을 전담했던 영숙이었다. 형제들과 오순도순 살지 못했다. 형제들은 돌봐야 하는 존재들이었다. 영숙도 돌봄을 받아야할 어린아이였다. 영숙은 엄마 없는 자리를 지키며 스스로 자랐다. 시위현장에서, 유가협 활동에서, 뒤늦게 형제자매의 정을 배우고 익혔다. 동지들이 늘 물었다. 왜 그렇게 물불을 가리지 않느냐고. 영숙은 이렇게 말하곤 했다.

"나는 이렇게 살려고 하지 않았어. 근데, 우리 막둥이가 날 이렇게 살라고 하네. 가만히 살면 안 된다고 하고 간 거야. 근데, 다시 생각해 보니까 우리 막둥이가 아니라, 공권력이 날 가만두지 않네. 왜 사람이 죽어도 꿈쩍을 하지 않지? 국민들이 독재하지 말고 민주적으로 하자고 하면 그렇게 하면 안 돼? 더 강압적으로 탄압하는 이유를 모르겠어. 나를 가만두지 않는 것은 공권력이야. 독재정권이야."

영숙은 광영이 4살 되던 해 고향 신촌마을로 왔을 때부터 업어 키웠다. 광영은 밤이면 엄마를 찾았다. 하지만 곧 영숙을 엄마처럼 따랐다. 광영이 분신했을 때 영숙은 제 자식을 잃은 것처럼 아파했다. 분노했다. 서른여섯의 젊은 누나는 대학교정에서, 광화문 앞에서, 분노하고 울부짖었다.

"우리 광영이를 살려내라! 독재 타도!"

광영의 묘비가 없어졌던 1987년에 영숙은 서른여덟 살이었다. 동생의 묘비석 찾아내라며 무서운 기세로 파주경찰서장 면담을 요구했다. 뒤따르던 유족들이 제지하는 경찰들을 밀쳐내고 서장실 문을 박차고 들어가자 서장은 눈이 휘둥그레져서 안절부절못했다. 몰려 들어간 사람들이 외쳤다.

"송광영 묘비석 찾아내라!"

시위대의 구호에 서장실이 들썩들썩했다. 왜 묘비석을 치웠는지 캐물었다. 경찰서장은 답하지 못했다. 벌벌 떨면서 비석을 찾겠다고 했다. 약속하라고 윽박질렀다. 꼭 찾겠다 약속했다.

파주경찰서장이 언제 약속을 지킬지 알 수 없었다. 경원대 학생들은 사라진 묘비석이 돌아올 때까지 송광영의 묘비석을 새로 만들어 세우기로 했다.

"이곳에 송광영 열사가 있다!"

표지석을 세우자 송광영이 다시 살아난 듯했다.

이오순은 유가협 회원들과 경원대 학생들, 민주인사들에게 말로 표현할 수 없는 동지애를 느꼈다. 마치 자신의 일처럼 몸을 아끼지 않고 전경들을 막아서는 유가족과 학생들이 아니었으면 경찰서장이 그렇게 선뜻 찾아주겠다고 약속했을까? 이오순은 파주경찰서장이 쩔쩔매던 모습이 뇌리에서 사라지지 않았다. 경찰서장은 자신들의 행동이 잘못되었다는 것을 알고 있었다. 유가협 어머니들은 공권력의 꼼수를 온몸으로 막아냈다.

금촌 기독교묘역 송광영 묘비의 행방은 끝내 알 수 없었다. 경찰서의 후속 조치도 전해진 바 없었다. 하지만 묘비 탈취사건으로 인한 이오순과 송영숙의 우직한 투쟁력은 문익환 목사를 비롯한 재야 인사들에게 깊은 인상을 남겼다

이오순이 유가협과 민주화운동에 대해서 깊이 생각하게 된 계기가 금촌 기독교묘역 묘비 탈취사건이었다. 유가협 회원들은 자식을 잃은 부모나 형제들이었다. 유가족들은 처음에는 자식들의 민주화운동을 말렸다. 자식을 잃고 나서야 투쟁의 현장으로 걸어 나왔다. 유가족들은 자식들이 무엇 때문에 목숨을 바쳤는지 알고 싶어 했다. 자식들이 이루고자 했던 것이 민주주의라는 것을 알게 된 순간에는 몹시 허탈해했다. 사람이 사람으로 존중받는 세상을 만들기 위해서 자식이 죽었다는 사실이 믿기지 않아서였다. 역설적이게도, 자식의 희생은 현재 사회가 민주 사회가 아님을 증명하는 결과였기 때문이었다. 부모·형제가 눈감고 모르는 척했기 때문에 자식이 죽었다는 생각에 이르면 가만히 앉아있을 수 없었다. 자식이 가고 나자 자식의 친구들이 찾아와 자식 되기를 자처했다. 내 자식만을 위하던 마음이 민주화를 위해 투쟁하는 모든 젊은이를 향해 활짝 열리기 시작했다. 내 자식만의 어머니가 아니었다. 모두의 어머니였다.

시위현장에서 유가협 어머니들이 선봉에 서면 시위대는 천군만마를 얻은 듯 든든해 했다.

　유가협 회원들은 평범한 사람들이었다. 노동자, 농민, 회사원, 공무원이었던 사람들이 자식과 가족을 잃고 나서 모이기 시작했다. 남도의 땅끝에서, 강원도 골짜기에서 농사짓던 부모들이 서울의 광화문 앞에 모였다. 교통이 지금처럼 발달하지 않은 때라 하루에 오가기 힘든 거리였다. 유가협 회원들은 여관에서 며칠씩 지내기도 하고 회원들의 집에서 함께 지내기도 했다. 1987년 창신동에 유가협 생활터 '한울삶'을 마련한 이후에는 마치 자신의 집처럼 편한 마음으로 공동생활을 꾸렸다. 집회가 끝나면 함께 식사를 준비하고 모여앉아 밥을 먹으면서 집회 평가를 하고 다음 집회 전략을 짰다. 주먹구구식이었지만 다 함께 같은 공간에서 일상의 시간을 공유한다는 것이 중요했다. 회원들은 개인 사정들도 흉허물없이 공유했다. 서로의 건강을 돌보고 자식 잃은 슬픔을 위로했다.

　어머니들은 자식을 잃었다는 슬픔에 머물러 있지 않았다. 가부장의 권력이 강하게 지배하는 가정에서 여성들은 가려진 존재였다. 자식을 잃고 거리에 선 어머니들의 힘은 강력했다. 이오순과 영숙도 마찬가지였다. 가난을 극복하고 생존해온 모녀는 광영의 죽음으로 민주화의 길에 들어섰다. 독재도 가난도 모두 우리가 외면했기 때문에 지속되었다는 것을 인식하기 시작했다. 시작은 자식의 죽음으로 인한 분노였지만 자식이 죽을 수밖에 없는 현실을 깨닫게 된 뒤로는 스스로 거리에 나가 싸우기 시작했다. 공동체를 이뤄 자식의 꿈을 자신의 운동으로 만들어 나갔다. 남성운동가들의 조력자가 아니라 민주화운동의 새로운 주체로 성장했다. 이오순, 이소선, 배은심, 허두측, 오영자, 정영자, 이중주… . 수많은 유가협 어머니들의 능동적인 활동은 민주주의의 초석이 되었다.

막내아들 광영의 묘비석을 없애버린 것은 광영이 매우 상징적인 인물이라는 의미였다. 표식을 치워버림으로써 역사를 지우려 했다. 송광영의 투쟁을 기억하지 못하게 하는 것이 독재정권의 목적이었다. 금촌 기독교묘역의 묘비석만 수난을 당한 것이 아니었다. 광영의 추모비는 이후에도 계속 수난을 겪었다.

송광영추모사업회에서는 경원대학교 교정에 추모비 건립을 추진했다. 송광영 분신 사망 5년 뒤인 1990년에 경원대학교 인문대 앞에 송광영 추모비를 세웠다. 1985년 송광영이 몸에 불을 붙이고 질주하면서 "독재 타도! 학원안정법 철폐!"를 외치다 쓰러진 장소가 가장 잘 보이는 곳이었다. 송광영이 분신 항거한 그 의미를 잊지 않고 실천하기 위한 경원인들의 다짐이기도 했다. 송광영 추모비건립준비위원회는 1988년부터 활동을 시작했다. 2022년 11월에 발간된 송광영 평전 『1985 송광영』에 추모비 건립 기록이 있다.

"추모비 준비위원회를 구성하여 재학생들을 주축으로 하여 건립기금을 모으기로 결의한다. 학교와 유가협, 재야단체들의 역할도 컸다. 추모비 준비위원회는 학교 측에서는 당시 학생처장 이영태 교수와 법정대학장 이호경 교수가 맡았고, 학생 측에서는 이복 총학생회장, 서명교 사회부장이, 그리고 유족대표로 송한영(큰형)이, 그 외 동문 대표 등으로 구성되었다. 추모비 준비위원회 결정내용은 다음과 같다.

1. 추모비는 전문가의 의견과 사례를 검토하여 준비위원회에서 정한다.
2. 소요경비는 전체 경원인(학생, 교수, 직원)의 성금을 원칙으로 하되 총학생회의 기금과 학교의 지원금으로 충당한다."

추모비 건립준비위원회는 이런 원칙에 따라 각 단과대학과 학과별 모금운동, 일일주점 등 수익사업을 통해 추모비 건립기금 3천5백만 원이라는 거금을 모았다. 이런 거금을 모을 수 있었던 것은 학생운동이 역동적으로 성장할 때였고 송광영 추모비 건립 운동을 하던 학생 그룹이 신뢰받던 때라서 가능했다고 평전에 쓰고 있다.

이렇게 마련된 기금으로 횃불 모양의 자연석을 찾아 추모비로 세웠다. 추모비에는 신영복의 글씨로 송광영이 남긴 '양심선언'과 '경원투사에게'를 새겨넣었다. 이 추모비는 경원대학교 민주화운동의 역사이자 청년학도들의 땀과 눈물과 열정을 상징하는 것이었다.

경원대(가천대) 내 송광영 열사 추모비 앞에서 한복차림으로 앉아있는 이오순

그런데 이 추모비가 감쪽같이 사라지는 사태가 발생했다. 금촌 기독교묘역의 추모비에 이어 두 번째 탈취사건이었다. 경원대 교정에 추모비를 세운 지 6년째인 1996년의 일이었다. 지상 2.5미터, 폭 0.7미터의 비와 가로세로 높이 각 1미터와 1.5미터의 단 위에 우뚝 서 있던 거대한 추모비가 하룻밤 사이에 흔적도 없이 사라졌다. 어이없는 일이었다. 이때의 상황을 송광영 평전에서는 이렇게 기록하고 있다.

"1996년 9월이었다. …C동 진리관 앞에 있어야 할 추모비가 사라진 것을 발견한 학생들은 황당하여 입을 다물지 못하였다. 추모비가 사라진 전날의 정황이 수상한 점이 한두 가지가 아니었다. 그때 학교는 재단이 새롭게 바뀌며 교직원들의 숨 가쁜 줄서기와 충성 경쟁이 치열했다. 후에 밝혀진 바에 의하면 범인은 정보사 장교 출신인 최원봉이었다. …박종철 열사 아버지 박정기가 유가협 회장을 맡고 있을 때였다. 그는 추모비 탈취 소식을 듣고 가장 먼저 이오순을 떠올렸다. 이오순이 살아 있었다면 그 누구도 엄두를 내지 못했을 일이었기 때문이다."

그랬다. 이오순은 1994년 1월에 이미 유명을 달리한 터였다. 어느 날 경찰서에서 추모비를 찾았다는 연락이 왔다. 송광영 평전에 이 상황도 기록하고 있다. 묘비석을 찾은 경위는 몹시 황당했다.

"이천인가 여주 쪽 사과밭 길가에서 추모비가 발견되었다고 했다. 경찰이 전국적으로 추모비를 발견하면 제보해달라고 수배령을 내렸는데 그곳을 지나가던 주민이 커다란 돌이 수상하여 신고했다고 한다."

임미리 박사는 『열사, 분노와 슬픔의 정치학』에서 '한국사회에서는 국가나 민족을 위해 죽은 자를 공적으로 추모할 때 열사(烈士) 또는 의사(義士)라는 말을 쓴다'고 썼다. 또 표준국어대사전에 열사는 '나라를 위해 절의를 굳게 지키며 충성을 다해 싸운 사람'이라고 쓰여있다. 굳이 표준국어대사전의 낱말풀이까지 덧붙이지 않더라도 열사의 죽음은 사회적으로 큰 의미가 있는 저항 행위다. 따라서 국가는 열사들의 죽음의 의미를 축소하거나 은폐하려 안달을 한다. 송광영의 추모비를 두 번씩이나 탈취·훼손한 행위는 그 자체로 송광영 죽음의 의미를 더 높이는 결과가 되었다. 추모비 탈취 사건을 해결하는 과정에서 경원인들은 민주주의를 향한 더 가열찬 투쟁의지를 갖게 되었고 경원인으로서 자긍심도 느꼈다.

    열사를 추모하는 것은 슬픔의 감정을 넘어 그 정신과 업적을 되새기고 기리는 행위다. 살아남은 사람들은 열사를 기억하기 위해 추모공간을 방문하고 경의를 표한다. 추모비에는 기억해야 할 역사적 기록이 새겨져 있다. 열사들의 숭고한 정신은 추모비와 거기에 새겨져 있는 짧은 기록으로 영원히 이어진다. 그것이 추모비를 자꾸 없애려고 하는 이유일 것이다.

## 내가 낳았지만 나만의 아들이 아니었던 광영

1985년 광영을 금촌 기독교묘역에 묻고 난 뒤였다. 종로5가 기독교회관에서 전태일 열사 추모 예배가 있으니 참석해달라는 연락이 왔다. 거기에서 이소선과 자식을 먼저 보낸 유가족들을 만날 수 있었다. 전태일, 김종태, 김의기. 광영처럼 죽음으로 불의에 항거한 자식의 어머니들이었다. 모두 자신처럼 자식을 가슴에 품고 가슴 아파하고 있을 것으로 생각했다. 유가족과 동병상련의 마음으로 서로 위로할 수도 있겠다 생각하고 모임에 참석했다. 이오순은 어머니들의 의연한 모습에 놀랐다. 생각하지 못한 모습이었다. 그런데 그 모습이 보기에 좋았다.

이오순은 전태일과 이소선의 이야기를 듣다가 운명을 생각했다. 광영이 고등학교에 입학하기를 마다하고 돈을 벌겠다며 처음으로 취직한 곳이 양복점이었다. 배운 것도 가진 것도 없는 가난한 소년이 할 수 있는 일은 그것뿐이었다. 그런데 전태일은 평화시장에서 재단사로 일하다 근로조건 개선을 부르짖으며 제 몸을 불살랐다고 했다. 광영이가 대학에 들어가서 '청계피복노조합법성쟁취' 시위를 하고, 동아리 '경제문제연구회'를 만들어서 학생들과 경제공부를 하고, '서민생계보장' 시위, '성남협진노조인정' 시위를 하다가 연행되어 구치소에 갇힌 것은 전태일의 영향이었다. 노동자는 사람으로서 존중받아야 한다, 근로기준법은 최소한의 인간성을 보장하는 법이라고 외쳤다는 전태일은 광영이가 존경하던 인물이었다. 광영이가 양복점에서 일을 시작한 것은 운명이었던 셈이다. 영숙이도 서울에 막 상경했을 때 청계천 봉제공장에서 일했다. 생각할수록 모골이 송연해지는 기분이 들었다.

1985년 10월 광영을 금촌 기독교묘역에 묻을 때 유난히 외롭고 쓸쓸해 보이던 묘가 있었다. 김의기 열사의 묘였다. 묘비석도 없고 아무런 흔적도 없이 봉분만 덩그러니 남아 있었다. 김의기 열사는 종로5가 기독교회관 6층에서 투신 항거했다. 1980년 5월 30일. 광주항쟁이 끝난 사흘 뒤였다. 그날은 기독교회관에서 정기 금요기도회가 열렸다. 서강대 학생 김의기는 '동포에게 드리는 글'을 뿌린 뒤 투신했다.

"피를 부르는 미친 군홧발 소리가 고요히 잠들려는 우리의 안방에까지 스며들어 우리의 가슴팍과 머리를 짓이겨놓으려고 하는 지금, 동포여 우리는 무엇을 하고 있는가? 동포여, 일어나 유신 잔당의 마지막 숨통에 결정적 철퇴를 가하자. 일어나자! 동포여!"

농민운동가를 꿈꾸었던 김의기 열사는 1980년 5월 19일 광주 북동성당에서 열기로 한 함평 고구마 농민투쟁 승리 기념식에 참석하기 위해 광주에 갔다가 광주학살을 목격했다. 그리고 광주의 진상을 알려야겠다고 결심하고 투신한 것이다.

이오순은 광영이 열사들의 삶과 죽음에서 영향을 받았다는 생각을 하게 되었다. 광영의 죽음은 한 개인의 죽음이 아니라 민주주의를 향한 열망의 끈으로 연결된 것이었다. 이오순은 광영이 분신하기 직전, 경원대 동아리 방에 홀로 앉아 썼다는 양심선언문을 다시 읽어보았다.

> "정녕 우리 민족이 아직도 외세에 의해 지배당하고 그리고 소수 독재정권에 의해 우리의 주체성이 말살되어감에, 내가 태어난 이 땅을 순수하게 사랑하는 피 끓는 젊음을 가진 나는 방관하고만 있을 수 없다는 것을 안다. …이 땅의 민주화와 자주독립 국가로서의 해방과 민중의 인간다운 삶을 위해 자신을 내던진 투사들의 희생정신에 다시 한번 고개 숙여 경의를 표하는 바이며, 마지막으로 나는 현 정권에 엄중히 경고하는 바이다. 광주학살 책임지고 전두환은 물러가라! 학원악법 철폐하고 독재정권은 물러가라!"
>
> -송광영, '양심선언문' 중, 1985년 9월 17일

이오순은 알 것 같았다. 광영은 오랫동안 광주항쟁을 생각하고 있었던 것이다. 엄마 등에 업혀 백일 만에 떠나온 고향이지만 광주에서 태어났다는 사실을 잊지 않고 있었던 것이다. 엄혹한 시기에 광주를 소환하고 기억하려는 사람들을 특별하게 생각한 것이다. 그리

고 그들의 뒤를 따랐다.

"이런 썩을 놈의 새끼!"

이오순은 화가 났다. '내가 아무리 먹고사는 일에 급급해서 자식들이 무슨 생각을 하는지, 무엇을 중요하게 여기는지 모르는 무식쟁이였다 할지라도, 광영이 너는 내게 말했어야지. 광영이 너는 내게 그들과 함께하겠다고 말했어야….' 이오순은 울컥 올라오는 감정을 삼켰다.

이오순은 광영이 열사들과 함께하겠다고 했으면 네 뜻대로 하라고 했을까? 어림없다는 생각을 했다. 공부나 열심하라고, 너희들 키우느라 죽을 고생 한 엄마를 돕겠다고 하지 않았느냐고, 엄마를 돕는 것은 공부 잘해서 출세하는 것이라고 꾸짖으며 등짝을 후려쳤을 것이다. 이오순은 자신의 모든 생각과 삶의 발걸음은 오직 생존을 위한 것이었음을 떠올렸다. 죽을 고비를 넘기면서 살아온 생이었다. 생존만을 생각하고 살아온 어미의 자식 광영은 이오순의 아들이었지만 이오순의 아들이 아니었다. 자식이 그렇게 성장하도록 아무것도 몰랐다는 것이 서글펐다.

이오순, 송한영의 딸(송경희), 송선영이 광영의 묘소를 찾았다.

## 6월의 광장에서 되살아난 아들

　1987년 1월 14일 서울대 학생 박종철이 남영동 대공분실에서 고문당하다 사망했다. 쿠데타와 광주학살을 통해 집권을 시작한 전두환의 임기는 1988년 2월에 만료될 예정이었다. 대통령 직선제 개헌을 통해서 민주화로 가느냐 당시 헌법에 따라 대통령을 선출하느냐의 갈림길에서 들려온 박종철 고문사망 소식은 끓는 물에 기름을 붓는 격이었다. 진상규명과 직선제를 요구하는 시위가 매일 도심 한복판에서 벌어졌다.

　전투경찰은 거대한 검은 벽처럼 서 있었다. 강철 방패 뒤의 침묵은 무장한 그들의 모습만큼이나 단단하고 무거웠다. 거대한 파도처럼 밀려오는 시위대를 바라보는 눈빛은 굳건하면서도 어딘가 모르게 지쳐 보였다. 그들은 완벽한 대형을 유지하며 한 치의 흐트러짐도 없이 서 있었다. 묵직한 진압봉은 허리춤에 단단히 고정되어 있었고, 어깨에는 무거운 보호 장비가 유월의 햇살을 받고 있었다. 두껍고 무거운 전투복 속은 이미 뜨겁게 달궈져 한증막에 들어있는 것처럼 땀이 흘렀지만 미동도 하지 않았다. 눈을 찌르는 따가운 햇살, 시위대의 웅성거림, 그리고 희미하게 들려오는 노랫소리만이 도심 공간을 가득 채웠다. 헬멧의 투명한 바이저 아래로 드러난 그들의 긴장감은 곧 터질 것처럼 부풀어 올랐다.

거대한 벽 맞은편에는 헤아릴 수 없이 많은 시위군중이 집결해있었다. 입장이 다른 두 주체가 도심 한복판에서 맞선 채 충돌하기 직전이었다. 도심 공간은 깊이를 알 수 없는 정적으로 숨이 막힐 것 같았다.

이오순은 긴장감으로 곧 폭발할 것 같은 시청광장에서 경계선을 살짝 넘어갔다. 병풍처럼 방패를 세우고 있는 전투경찰 뒤쪽으로 다가갔다. 손에 작은 가방을 들었고 생활한복에 머리를 쪽 찐 작달막한 할머니를 경계하는 경찰은 없었다. 지휘관은 통신장비로 진압작전을 지시하고 있었다. 이오순은 지휘관 쪽으로 바짝 다가섰다. 잠시 지켜보다 손에 든 가방으로 지휘관의 머리를 후려쳤다. 그 바람에 통신기기가 아스팔트 바닥으로 떨어져 박살이 났다. 이오순은 잽싸게 경계선을 넘어 시위대 방향으로 달아났다. 호기심 어린 눈으로 지켜보던 유가협 회원들이 어서 오라고 손짓을 했다. 이오순은 있는 힘을 다해 동료들이 있는 곳으로 달렸다. 순식간에 아스팔트 위의 뜨거운 숨결은 피아를 구분하기 어려울 정도로 격렬해졌다. 쉼 없이 터지는 최루가스에 숨이 컥 막혔다. 쉰 목소리가 절도있게 구호를 외쳤다.

"독재 타도! 직선제 쟁취!"

흩어졌다 다시 모여든 수만 군중들이 우레와 같은 목소리로 구호를 따라 외쳤다.

"독재 타도! 직선제 쟁취!"

수많은 군중의 목소리가 파도처럼 물결쳤다. 땀과 먼지로 얼룩진 얼굴들이 유월의 햇살 아래 번들거렸다. 매캐한 최루가스가 코를 찔렀지만, 누구 하나 도망가지 않았다. 오히려 흐르는 눈물과 콧물을 닦아내며 더 단단하게 뭉쳤다.

앞쪽에서 '와아!' 하는 함성과 함께 시위대열이 한쪽으로 쏠렸다. 전투경찰의 방패가 끌리는 소리, 아스팔트를 뒤흔드는 군홧발 소리가 뒤섞여 울렸다. 돌멩이가 방패에 부딪히는 소리가 저 멀리서 들렸다. 시위대의 최전선에서는 격렬한 몸싸움이 시작되었다. 미친 듯이 발사된 최루탄이 터지면서 흩어진 가루는 시위군중의 머리 위에 하얗게 내려 쌓였다. 최루탄이 터지면 시위대는 허리를 구부리고 몸을 낮췄다가 기어서 도로 밖으로 벗어났다. 그 모습은 마치 군무 같았다. 기침 소리, 토하는 소리, 울부짖는 소리마저 군무의 한 장면처럼 여겨지는 순간이 지나고 나면 시위대는 언제 그랬냐는 듯 다시 도로 한가운데로 모여들었다. 그것은 그냥 시위가 아니었다. 억압받은 영혼들이 토해내는 절규였고 민주주의를 향한 뜨거운 갈망의 분수였다. 1987년 아스팔트 위에서는 80년 5월에 살아남은 자들의 슬픔이 민주주의를 향한 역동으로 바뀌어 격렬하게 타오르고 있었다.

이오순은 하루종일 시위대를 따라다녔다. 막내아들 광영의 부재는 천천히, 깊게 다가왔다. 광영의 부재를 인정하기까지 허깨비처럼 살았다. 시위 군중 속에 있을 때는 광영을 잊었다. 최루가스와 돌멩이가 날아다니고 화염병이 작렬하는 시위현장에 서 있을 때만 광영이와 함께 있는 것처럼 활기찼다.

박종철 고문사망 사건은 독재정권의 끝이 다가오고 있음을 알리는 전조였다. 1987년 6월 9일 연세대학교 교정에서는 '6·10대회 출정을 위한 연세인 결의대회'가 열렸다. 결의대회가 끝난 후에는 '독재정권 타도! 호헌 철폐!' 시위가 이어졌다. 이날 연세대학교 학생 이한열이 최루탄에 맞아 중태에 빠졌다.

7월 5일 사경을 헤매던 이한열이 사망했다. 7월 9일 연세대학교에서 열린 이한열 장례식에 참석한 이오순은 뜻밖에도 송광영 열사를 호명하는 처절한 목소리를 들었다. 문익환 목사의 조사에서였다. 김형수는 『문익환 평전』에 이한열 장례식 장면을 썼다.

"군중들은 문익환이 그 시각에 그 장소에 도착한 사실만으로도 이미 감동할 준비가 되어있었다. 그런데 그날의 침통한 하늘을 향해 눈을 감더니 조용히 두 팔을 벌렸다. 문익환 특유의 세계를 섬기는 자세, 자신의 앞가슴으로 세계를 껴안아버리는 자세, 언제봐도 겸허와 순정으로 충만한 그 자세를 해 보였다. 이윽고 처절하게 타들어 가는 목소리로 죽어간 이들을 호명하기 시작했다.

전태일 열사여! 광주 2천여 열사여! 김종태 열사여! 김의기 열사여! 송광영 열사여! 박종철 열사여! 이한열 열사여! …스물여섯 명의 열사 이름을 아무런 순서 없이 가슴에서 터져 나오는 대로 외쳐 불렀다. 땅과 하늘에 대고 외치는 절규였다. 그리고 끝단 한마디의 군더더기도 없이, 문익환의 외침은 고요히 퍼져나갔다."

문익환 목사가 뜨겁고 처절한 목소리로 부르는 열사들의 이름, 그 이름과 이름 사이로 흐르는 침묵, 이오순은 숨이 멎는 것 같았다. 수천의 군중들도 숨을 멈춘 채 열사들의 이름을 들었다. 가슴에 새겼다. 애도했다.

"열사들이여! 그곳에서 편안하게 잠들기를!"

두 손을 모아 기도했다. 다시는 독재정권을 용납하지 않을 것임을 다짐했다.

이오순은 숨죽인 채 오열했다. 머리에 삼베수건을 쓰고 대열의 맨 앞에 서 있던 유가협 어머니들 그 누구도 소리 내어 울지 못했다. 울음소리가 나오지 않았다. 눈물만 뚝뚝 떨궜다. 동백꽃이 툭, 질 때처럼. 심장이 벌떡이는데도 소리 내 울 수는 없었다. 울음소리를 내는 순간 광영의 죽음은 개인적인 일이 되어버릴 것 같았다. 이오순은 그때 알았다. 침묵만큼 처절하고 슬픈 오열은 없다는 것을. 광영의 죽음, 열사들의 자기희생은 민주주의를 위한 순수한 피흘림이라는 것을. 수천의 군중 앞에서 열사로 호명되는 순간 광영의 죽음은 그 의미가 분명해졌다는 것을. 막내아들 광영은 민주주의를 위해 산화한 투사라는 것을 가슴에 또렷하게 새겼다.

민주화 요구 시위 현장에서

버스로 시위현장에 갔다가 전투경찰에 막힌 버스와 이오순

이한열 열사 추모제에서 연단에 선 이오순(1991.6.7.)

## 기억해주는 건 살아있다는 것

 이오순에게 종교는 등대와 같았다. 슬픔에 흔들리지 않게 하는 버팀목이었다. 모든 것이 혼란스러운 생활을 바로잡아 주는 나침반이었다. 종교인들의 너른 품과 따뜻한 마음은 인생의 전환점에 선 이오순이 삶을 지속할 수 있게 이끌어준 안내자였다. 문익환 목사, 이해학 목사, 김해성 목사, 함세웅 신부…. 잊을 수 없는 사람들이었다.
 1980년대 한국 민주화운동 현장에서 교회는 운동 그 자체였다. 종교인들은 약자 보호, 정의 실현, 인권 존중을 실천했다. 불의한 독재정권에 저항하는 민주투사들을 지지했고 종교인 스스로 투사가 되었다. 박종철 고문치사 사건의 진실은 천주교 정의구현전국사제단의 폭로로 세상에 알려졌다. 죽음을 각오한 폭로였다. 교회 또한 민중과 함께 저항을 넘어 자유와 정의를 갈망하던 모든 이들의 안식처였다. 1987년 6월 민주 항쟁의 상징적인 장소였던 명동성당은 경찰의 진압 속에서도 마지막까지 시위대가 버티고 연대했던 곳이었다. 이곳은 민주화를 외치는 국민들의 목소리가 모이고 쌓여 진실이 퍼져나가는 중요한 거점이 되었다. 교회는 한국 민주주의 역사에서 어둠을 밝히는 횃불이었고 양심의 보루였다
 물론 모든 교회가 민주화운동에 참여한 것은 아니었다. 교단 내에서도 입장 차이가 존재했다. 하지만 다수의 양심적인 종교인들은 자

신들의 종교적 신념을 행동으로 실천했다. 민주주의의 발전에 앞장 섰고 희생을 감내했다.

이오순은 문익환 목사에게서 본가 어머니의 모습을 보았다. 세상을 살아가는 이치를 따뜻하고 겸손한 태도로 보여주었다. 그것은 모성이었다. 세상의 모든 어머니들이 갖고 있는 성품, 무조건적이고 무한한 보살핌과 사랑, 문익환 목사는 모성적 사랑을 베푼 사람이었다.

이오순의 어머니는 1976년에 돌아가셨다. 따뜻하고 부지런한 분이었다. 가난하고 배고픈 시절에 많은 자식을 낳아서 지혜롭게 잘 길렀다. 배부르게 먹이지는 못했지만 곯지 않게 하려고 밤낮으로 일했다. 어머니는 이오순의 남편을 못마땅하게 여겼다. 무능하고 편협하고 괴팍한 사위 때문에 딸이 고생한다고 생각했다. 이오순이 서울로 간 이후에 버려진 것처럼 떠돌던 이오순의 자식들을 돌봐준 것도 어머니였다.

이오순은 문익환 목사에게서 어머니와 같은 돌봄의 온정을 느꼈다. 그는 고난을 겪는 사람을 위로하고 용기를 주었다. 언제나 온화한 미소로 사람을 대하고, 검소했으며 겸손했다. 투쟁의 현장에서는 불의에 맞서 사자처럼 포효하던 민주투사였다. 문익환 목사는 이오순에게 엄마이고 스승이었다. 아들을 잃고 상처 입은 짐승처럼 괴로워하던 이오순의 삶을 비추는 한줄기 따뜻한 빛과 같은 존재였다.

이오순은 문익환 목사에게 통일을 배웠다. 김구는 하나의 조국을 주장하면서 "38선을 베고 누울지언정 민족이 둘로 나뉘는 것을 더 이상은 용납하지 않겠다"고 했다. 문익환 목사도 분단 50년을 넘기지 말고 통일하자고 주장했다. 문익환 목사가 자주했던 말이 있다.

"통일은 민족의 부활입니다."

일제강점기에 태어난 이오순은 한국전쟁을 겪었고, 급격한 산업화를 거쳐 민주화를 열망하는 자식을 앞세우고 광장에 선 사람이었다. 통일이 민족의 부활이라는 말은 그녀에게 쉽지만은 않았다. 하지만 '통일'은 이오순의 뇌리에 깊은 인상을 남긴 말이었다.

"우리의 위정자들은 피둥피둥 살이 쪄서 돼지처럼 뒤뚱거리는데 우리 민중은 아직도 곯고 있다."

문익환 목사의 말은 쉬웠다. 하루 벌어 하루 먹고 사는 사람의 심정을 대변하는 말로 설교를 했기에 공감했다. 정치적 현실도 알아듣기 쉬운 말로 설교했다.

"검소하지 않고 겸손하지 않으며 국민을 때려서 길들이려고 하는 위정자들은 나쁜 놈들이다."

이오순은 문익환 목사의 설교에서 독재의 본질을 깨달았다. 독재란 다른 것이 아니었다. 국민을 때려서 길들이려는 나쁜 것이었다.

이오순은 박형규 목사가 담임으로 있던 서울제일교회가 독재정권의 탄압으로 충무로 입구에 있던 교회에서 쫓겨나서 노상예배를 한다는 소식을 들었다. 박형규 목사는 민주화운동의 대표적인 원로였고, 광영의 장례식에서 장례위원으로 연대했다. 노상예배에는 선영이와 함께 갔다. 박형규 목사의 설교는 정치적으로 얽히고설킨 시국 얘기가 주요 주제였다. 이오순은 가족들이 나라 돌아가는 사정에 관심을 갖기를 바랐다. 광영이 왜 죽었는지 이해하고 기억하기를 바랐다.

"우리가 광영이를 기억하지 않으면 사라진다. 역사를 기억하지 못하는 민족, 역사를 기억하지 않는 가족, 역사가 없는 사람은 슬픈 존재다."

이오순이 가족들과 함께 민주화운동 현장에 가야 하는 이유였다. 기억해주는 사람이 있어야 기억된다. 이소선은 열사가 어떻게 기억되어야 하는지를 알려준다.

"여러분! 여러분이 전태일입니다. 내 아들 전태일이라고 특별한 사람이 아닙니다. 여러분이 전태일, 전태일 하고 외치니까 전태일입니다. 여러분이 없다면 무슨 전태일이 있겠습니까? 자신의 권리를 찾고 모든 노동자들이 인간답게 살게 하기 위해 외치는 사람 모두가 전태일입니다."

-민종덕, 『노동자의 어머니 이소선 평전』, 2016년

이오순은 읊조려본다. 민주투사 송광영! 민주화운동을 하는 모든 사람들이 송광영, 송광영을 외쳐주기를 바랐다. 민주주의를 외치는 모든 사람들이 송광영이길 바랐다.

의문사당한 조선대학교 학생
이철규 열사 영정을 안고

유가협(민주화운동유가족협의회) 회원들은 많은 시위 현장에서 열사의 영정을 안고 싸웠다.

## 자식의 죽음이 헛되지 않도록

　1987년 6·29선언이 발표된 후 노동자대투쟁이 시작되었다. 노동자대투쟁은 제조업, 특히 현대엔진, 현대미포조선, 현대중공업 등 울산 현대그룹의 중공업 사업장에서 촉발되어 산업과 규모를 불문하고 전국적으로 전개된 사상 최대의 대중투쟁이었다. 전두환 정권의 6·29 항복으로 위력을 상실한 국가권력은 과거와 같은 폭압적 통제를 할 수 없었고, 노동자들은 투쟁을 확대해 나갈 수 있었다. 노동자들의 1차적 요구는 인간답게 살고 싶다는 것이었다. 노동자의 생존을 위한 임금인상과 노동권을 보장하라는 것, 노동현장의 민주화, 노사관계의 민주화, 노동현장에서 일어나는 각종 차별철폐를 요구했다. 노동자대투쟁은 6월 민주화운동의 연장선에서 촉발된 노동계의 민주화운동이었다. 1970년 11월 전태일이 분신하면서 외쳤던 구호와 같았다. 1970년의 전태일은 혼자 외쳤다. 17년이 흐른 1987년의 노동자대투쟁에서는 수많은 노동자들이 함께 외쳤다.

"근로기준법을 준수하라!"
"우리는 기계가 아니다! 일요일은 쉬게 하라!"
"근로자를 혹사하지 말라!"

목울대가 찢어지도록 구호를 외쳐도 노동현장의 변화는 더디기만 했다. 전국에서 날마다 집회와 시위가 일어났다. 정권과 자본은 노동자의 생존권 투쟁을 폭력적으로 탄압하기 시작했다. 유가협 어머니들은 날마다 노동자들의 집회현장으로 쫓아갔다.

민주화운동 열사 가족들은 구심점이 필요했다. 열사들의 죽음의 의미를 되살리고 민주화를 위해서도 가족들이 뭉쳐야 했다. 시위에 참석하기 위해 먼 곳에서 올라온 유가족들이 머물 공간도 필요했다.

이오순과 김종태의 어머니 허두측, 신호수의 아버지 신정학은 이소선을 찾아갔다. 유가족이 되면 가장 먼저 만나는 사람이 이소선이었다. 노동자의 시위현장에도 가장 먼저 찾아가는 사람이 이소선이었다. 이오순에게도 이소선과 문익환 목사가 가장 먼저 찾아와주었다. 여러 사람이 유가족 모임을 만들 수 있는 사람은 이소선밖에 없다고 생각했다. 이오순은 이소선을 설득하기로 했다.

'"태일이 엄마가 나서줘야겠어요. 독재정권에 숱한 젊은이들이 목숨을 잃고 있잖아요. 유족은 자식이 왜 죽었는지 몰라 망연자실하고, 심지어 민주주의를 위해 항거한 자식을 욕하는 사람도 있어요. 그런 오해를 견디다 못해 목숨을 버리는 가족도 있잖아요. 유가족 모임을 만들어야겠어요. 우리가 나서서 자식들이 왜 항거했는지도 알려주고 낙심한 유족들을 위로해줘야 하지 않겠어요?'

송광영 어머니 이오순의 말에 이소선은 고개를 끄덕였다. 틀린 말이 하나도 없었다. 하지만 이소선은 선뜻 나설 수가 없었다. 서노련(서울노동운동연합)과 박영진 사건*으로 청계노조가 어려울 때였다.

'무슨 뜻인지는 잘 알겠어요. 시간을 주세요. 요즘 청계 일로 눈코 뜰 새가 없어요.'

유가족들의 마음은 급했다.

'우리는 아직 너무 몰라요. 유가족협의회를 만들려면 경험이 있는 태일이 엄마가 나서지 않고서는 아무것도 할 수 없어요.' 송광영의 어머니 이오순이 다시 찾아와 거듭 함께하자고 하자 이소선은 더는 거절할 수 없었다."

-오도엽, 『지겹도록 고마운 사람들아』, 2008년

이오순과 여러 유족들이 설득한 끝에 이소선은 민주화운동유가족협의회(유가협)를 만드는 데 앞장서기로 했다. 유가협은 1986년 8월 12일 창립을 선언했다. 전태일, 김종태, 이재호, 홍기일, 박종만, 김의기, 송광영, 김세진, 박영진, 이경환, 신호수 열사의 가족들이 민주통일민중운동연합(민통련)의 도움으로 '평화의집'에서 창립대회를 열었다. 열사들의 죽음을 헛되이 하지 않고 숭고한 뜻을 널리 퍼

---

\* 신흥정밀 노동자 박영진 열사는 1986년 3월 17일 임금인상과 노동환경개선을 요구하며 경찰과 대치하던 중 회사 옥상에서 분신함. 병원으로 옮겼으나 다음날 새벽 사망함. 경찰은 박영진 열사의 시신을 탈취하여 벽제화장터에서 화장함. 이에 분노한 노동자들과 민주인사들은 박영진 열사 장례투쟁을 벌이게 되었고, 그의 유해를 모아 모란공원에 안장하게 되었음. 이후 모란공원은 민주화운동 열사들의 묘역이 되었음. 출처: 민주화운동기념사업회 홈페이지(www.kdemo.or.kr)

트리기 위함이었다. 유가족의 뜻과 의지는 창립선언문에서도 밝히고 있다.

유가협 창립대회(1986.8.12.) 흰 한복 입은 이가 이오순

"오늘 우리는 민주화운동유가족협의회의 창립을 선언합니다. 사랑하는 자식, 남편, 형제를 잃고 창자를 끊는 듯한 슬픔에 눈물이 마를 날이 없었던 우리 유가족들은 지금 이 모든 아픔을 딛고 고인들이 썼던 민주의 가시관을 받아쓰는 경건한 마음으로 이 자리에 섰습니다.

우리 유가족들은 지난 1970년 전태일의 분신 이래 이 나라의 민주화와 민중의 생존권 보장을 요구하다 스스로 혹은 권력에 의해 민주제단에 희생이 된 고인들의 죽음을 계기로 이 시대의 참담함을 누구보다도 뼈저리게 경험하였습니다. 또한 고인들이 하나뿐인 생명을 바쳐가면서까지 목말라 외치던 바를 살아있는 가족들이 함께 실천해 나가는 것만이 그들의 원혼을 위무해 줄 수 있는 길이라 생각하였습니다."

초대 유가협 회장은 이소선이 맡았고 사무국장은 박종만 열사의 부인 조인식이 맡았다. 유가협이 창립된 이후 유가족들은 조직적으로 움직였다. 조인식 사무국장에게서 연락이 오면 이오순을 비롯한 유가협 회원들은 투쟁 현장으로 달려갔다.

"노태우 정권 때였는데, 그때는 싸움이 너무 치열해서 아침에 집에서 나오면 다시 돌아올 수 있을까, 그런 마음으로 살았어요. 거의 노동현장에서 사고가 많이 터졌어요. 파업현장, 분신현장. 그 현장으로 쫓아가요. 이소선, 허두측, 이오순…. 가족들이 경찰들의 회유에 넘어가지 않게끔 설득해야 하니까. 시신을 빼앗기지 않게 지켜내야 하니까. 가족들이 경찰 쪽으로 넘어가지 않게 설득하는 일이 우리 일이었죠. 그들은 어떻게든 죽음을 은폐하려고 하니까." -조인식 현 유가협 부회장

역사 공부도 시작했다. 1990년에 유가협에서 가족교실을 열었다. 왜 투쟁해야 하는지 알아야 했다. 유가협 회원들은 낮에는 투쟁하고 밤에는 공부했다. 투쟁의 역사와 민주주의의 근본을 알아가는 즐거움에 밤이 깊어가는 것도 개의치 않았다. 유가족은 가족의 죽음을 통해서 새롭게 태어난 사람들이었다. 분노가 투쟁을 지속시켜 주지 않았다. 투쟁은 사회 구조적 모순을 이해하는 공부가 선행되어야 지속할 수 있었다. 유가협 사무국에서 가족교실을 열기로 한 취지였다.

유가협 회원들은 열심히 공부했다. 모두 함께하니 공부도 할 만했다. 역사와 현실정치에 대해 많은 것을 배웠다. 유가족으로서 가져야 할 마음 자세와 태도, 유가협 운동의 기본 가치인 자주, 민주, 통일의 개념을 익혔다. 일제강점기 민족해방운동사를 공부하면서 충격을 받았고, 조국통일에 대해서도 새롭게 인식했다. 유가협 회원들은 자식들의 저항정신을 이해하게 되었다. 열사는 사회구조가 만들어 낸다는 것도 알게 되었다. 잘못된 사회구조를 바꾸기 위해서 투쟁했다.

유가족들의 목숨을 건 투쟁은 민주화운동의 마중물이 되었다. 유

가족들이 민주화운동의 선봉에 설 수 있었던 것은 '유가족'에만 머물러 있지 않았기 때문이다. 유가협 어머니들은 '어머니'라는 강인한 의지로 뭉친 투사대였다. 산 자들이 단결하여 할 수 있는 일은 오로지 투쟁이었다. 오도엽이 이소선의 구술집에서 묘사한 유가협 어머니들의 모습이다.

"유가협은 창립되었지만 사무실도 없이 이곳저곳을 떠돌며 살림을 꾸려갔다. 당장 할 일은 자식들의 뜻을 이어받아 전두환 정권과 싸우는 일이었다. 유가협 회원들은 집회와 시위가 있다는 소식이 들리면 한달음에 달려갔다. 유가협 어머니 아버지들은 경찰의 방패와 곤봉이 날아드는 가장 앞자리, 선봉에서 남아 있는 자식들을 지키는 일을 했다. …자식의 죽음을 헛되이 하지 않는 길은 독재정권을 무너뜨리는 길뿐이었다."

1987년 8월 22일 거제도 대우조선 노동자 이석규가 최루탄에 맞아 숨졌다는 소식을 들었을 때도 이오순과 이소선 등 유가협 회원들이 가장 먼저 달려갔다. 최루탄이 오른쪽 가슴에 박혔다고 했다. 이석규는 85년부터 단 한 푼도 오르지 않은 임금 인상을 요구하면서 노동조합 결성 투쟁을 하던 중이었다. 그날 노동자들은 옥포호텔에 머물고 있는 대우조선 회장을 만나서 협상을 하기로 했다. 노동자들은 평화시위를 하면 회장을 만나러 가는 길을 터주겠다는 경찰의 말을 믿었다. 오리걸음으로 가라는 무리한 요구도 받아들였다. 오리걸음으로 옥포호텔로 향했다. 하지만 경찰들은 약속을 깨고 최루탄을 쏘아댔다. 이석규는 옥포호텔 사거리에서 최루탄에 맞았고, 그 자리에서 절명했다. 이한열이 최루탄에 맞아 사망한 지 100일이 채 안 된 때였다. 이한열도 이석규도 스물두 살의 푸르디푸른 청춘이었다.

이석규의 장례식은 사망한 지 엿새 뒤인 8월 28일 대우조선 종합운동장에서 열렸다. 재야인사와 노조집행부 중심으로 장례위원회를 구성했다. 장례위원장은 이소선, 장지는 마석 모란공원이었다.

이석규의 영결식이 거행되었다. 부슬비가 내리는 가운데 수백의 만장과 수천의 노동자들이 울먹였다. 빗물과 눈물이 사람들의 몸과 가슴을 적셨다. 장지로 떠나기 전 '님을 위한 행진곡'을 제창했다.

이오순은 노래가 시작되자 울컥하는 감정과 함께 눈시울이 뜨거워졌다. 담담하던 가슴이 요동쳤다.

"동지는 간데없고 깃발만 나부껴…"

가사가 가슴을 찡하게 울렸다.

"사랑도 명예도 이름도 남김없이…"

이 구절은 마치 광영의 인생을 표현하는 것 같았다. 광영의 뜨거운 외침이 들리는 듯했다.

"광주학살 책임지고 전두환은 물러가라!"

전두환은 물러나지 않았다. 아직도 많은 학생들, 노동자들이 맞아 죽고 스스로 죽고 사고로 죽어가고 있다. 노래에서 염원하는 '새날'은 아직 먼 것인가.

이석규의 장례는 순조롭지 않았다. 예상대로 공권력이 이석규의 장례를 방해하기 시작한 것이다. 장례위원회에서 마석 모란공원으로 장지를 정하자 느닷없이 가족들이 나서서 가족장을 주장했다. 틀림없이 공권력의 회유가 있었을 것이라 판단한 장례위원회와 유가협은 거세게 항의했다. 가족대표라는 육군 소령은 유가협 회원들의 거센 항의에 슬그머니 내빼버렸다. 그래도 안심할 수 없었던 장례위원회는 장지로 이동하는 중에 광주 망월동 민족민주열사 묘역으로 방향을 틀었다. 이오순은 광영을 금촌 기독교묘역에 묻던 날을 떠올렸다. 영결식도 없이 이동하던 중에 갑자기 장지를 바꾸려고 꼼수를 부리던 경찰이었다. 이석규도 마석까지 가는 도중에 어떤 장난을 칠지, 무슨 변수가 생길지 알 수 없었다. 장지를 변경할 수밖에 없었다. 하지만 이석규의 운구차량은 경찰에 의해 탈취되고 말았다. 결국 광주 망월동으로 가지 못하고 고향인 전라북도 남원시 사매면에 안장되었다.

## 돗자리 장수, 마음을 울린 연설가 되다

6월 항쟁의 가장 큰 성과는 '대통령 직선제' 쟁취였다. 대한민국 제13대 대통령 선거는 1987년 12월 16일 수요일에 직선제로 실시되었다. 1972년 10월 유신 이후 처음으로 치러진 국민들의 직접투표였다. 결과는 노태우의 당선이었다. 노태우 정권의 본질은 군부독재였다. 전두환 군부독재 정권의 연장선에 있는 노태우 정권에서도 민주화운동과 노동운동 탄압이 계속될 수밖에 없었다.

대통령 선거는 아쉬움이 컸다. 온 국민의 염원으로 쟁취한 '대통령 직선제'였다. 이오순은 귓가에 맴도는 6월 항쟁의 그 구호를 기억하고 있다. '독재 타도! 호헌 철폐!' 전국 방방곡곡에서 군중들은 이 구호로 하나가 되었다. 광장으로 모여드는 시민들, 어디선가 들려오는 박수 소리, 건물의 창문마다 흰 와이셔츠를 입은 '넥타이 부대'의 환호성, 그 사이로 벚꽃처럼 흩날리던 흰 종이들…. 차량들은 경적을 울리며 응원을 했고, 시위군중들은 남녀노소 한 덩어리가 되어 어깨를 겯고 만세를 불렀다.

이오순은 문익환 목사의 설교를 떠올렸다.

"1980년 5월 20일 광주 금남로에서 차량들이 헤드라이트를 켜고 경적을 울리며 금남로로 들어서자, 시민들이 박수를 치고 애국가를 부르며 환호했습니다. 광주항쟁은 그해 5월 27일 전남도청에서 장렬히 패배했습니다. 지금 팔뚝질을 하고 애국가를 부르면서 거리로 뛰어나온 시민들은 모두 1980년 5월에 살아남았다는 마음의 빚을 진 사람들입니다. 이번에는 반드시 독재정권을 물리치고 대통령을 직접 우리 손으로 뽑아 민주정부를 수립해야 합니다."

민통련 의장으로서 문익환 목사는 대통령 직선제 국면에서 김대중 후보를 비판적 지지하겠다고 선언했다. 선거 유세장에서 김대중 후보 지지연설도 했다.

"민중이 쟁취한 대통령 직선제이니 민중의 손으로 민중의 대표를 뽑읍시다!"

이오순도 김대중 후보 지지 연설을 했다. 광영이 분신 이후 대학생들 앞에서 죽지 말고 살아서 싸우라고 당부하는 연설을 수없이 했다. 그러다 대통령 선거에서 찬조연설을 하게 되었다. 무대에 올라서자 수를 헤아릴 수 없이 많은 시민들이 광장에 빼곡하게 들어 차 있는 모습이 보였다. 성남에서 열렸던 대통령 선거 유세장에서 이오순이 찬조연설 했던 장면을 선영이 우연히 지켜보았다. 선영의 기억이다.

"목소리가 아주 쩌렁쩌렁하셨어요. 수만 명의 군중이 모여 있는데 떨지도 않고, 원고도 없이 즉석연설을 하셨지요. 그때, 김근태씨가 안기부에 잡혀가서 엄청난 고문을 받고 갇혀있을 때 그 부인과 구명 운동을 하러 다녔던 이야기, 아들 광영이가 분신한 이야기를 하면서, 독재정권은 이제 그만 물러나야 한다, 더 이상 소중한 목숨을 잡아다 고문하고 죽이게 놔

둘 수는 없다, 민주정부를 수립해서 사람이 살 수 있는 민주국가를 만들자. 그렇게 할 수 있는 후보가 김대중 후보이다, 이런 취지였어요. 어머니 체구가 그렇게 큰 편이 아닌데, 마치 거인처럼 느껴지더라구요."

이오순의 연설은 명쾌하기로 유명했다. 추모제나 집회현장에서 자신의 경험을 바탕으로 연설했다. 국가가 무엇을 해야 하는지, 왜 국민이 원하는 일을 하지 않는지, 젊은 목숨들이 죽어가는데 국가는 뭘 하고 있는지를 '어머니의 마음'으로 질타했다. 이오순의 언어는 김해성 목사의 말처럼 어느 동네에서나 만나는 아주머니 특유의 말투였다. 김대중 후보 선거유세에서 막힘없이 연설할 수 있었던 것은 유가협과 함께 한 투쟁 경험 덕분이었다. 돗자리행상을 하던 여인이 대통령 후보자 지지연설을 한다는 사실만으로도 격세지감이었다.

이오순은 연설만 잘하는 것이 아니라 말한 대로 실천했다. 재야의 어른들은 그런 이오순을 좋아했다. 투쟁 현장에서는 항상 이오순의 연대발언을 요청했다. 당당한 태도와 쩌렁쩌렁한 목소리도 매력이었지만 경험에서 우러나온 연설의 내용이 더 감동이었다.

"나는 민주도 모르고 동지가 뭔지도 몰랐습니다. 지금도 유가협 식구들하고 가족교실에서 아들의 생각을 알려고 열심히 읽고 쓰고 배우고 있습니다. 내가 무식해서 잘 모르지만 나쁜 놈은 벌을 받고, 옳은 놈은 칭찬해야 한다는 건 압니다. 왜 옳은

놈이 죽고 다칩니까? 왜 우리 착한 학생들이 재판을 받고 구속되고 감옥에 가야 합니까? …학생들이 민주화운동하다 구속되고 재판을 받으면 유가협 회원들이 응원 가서 꼭 하는 말이 있습니다. '너희들이 잘못한 게 없으니 고개 숙이지 말라'고. 재판장이 법정에서 이상한 소리를 할 때는 거세게 항의합니다. 재판장 앞에 서 있는 학생들 힘 나라고 빽이 되어 주는 겁니다."

-이오순 생전 구술, 『송광영 평전』 집필팀 자료

대학교 학생회는 집회를 할 때면 어김없이 이오순을 초청했다. 이오순의 연설은 재미가 있었다. 그 엄혹한 현장에서 연설을 하는 데도 여유가 있었고 청중을 웃게 하는 일화를 빼놓지 않았다. 학생들은 이오순의 무대를 기다렸다.

"내가 목소리를 많이 쓰다 보니까 나는 항상 보온 물병을 들고 다닙니다. 어느 날은 재판정에 들어가는데 전경들이 몸수색을 합디다. 어찌나 기분이 나쁘게 더듬는지 화가 나서 참을 수가 없는데, 이놈이 내가 가지고 있던 보온병을 보고 이게 뭐냐고 물어요. 그래서 내가 보온병을 하늘 높이 치켜들면서 이렇게 외쳤습니다. 폭탄이다 이놈아!"

-이오순 생전 구술, 『송광영 평전』 집필팀 자료

이오순의 순발력에 학생들은 박장대소했다. 이오순의 연대사가 끝나면 시위가 시작된다. 최루가스와 백골단의 폭력과 돌멩이가 난무하는 격렬한 싸움을 앞둔 학생들에게 이오순의 연설은 통쾌하고 시원한 냉수였다. 상큼한 비타민이었다. 사회자의 마무리 발언은 짧고 단호했다.

"자! 이오순 어머님 표 비타민으로 충전했으니 출정합시다!"

학생들은 결전을 위해 엉덩이를 일으켜 세운다. 북이 울리기 시작하고 대열을 정비한 후 출정가를 부른다.

"동지들 모여서 함께 나가자…."

많은 사람들이 이오순을 특별한 존재로 기억했다. 아들을 민주화의 제단에 바친 어머니였지만 슬픔에 잠겨 있지 않았다. 슬픔을 딛고 민주화의 대장정 길에 나선 민주투사였다. 일부러 자신을 내세우지 않았고 일부러 뒤로 빼지도 않았다. 나서야 할 자리에 나서서 똑부러지게 행동했다. 개인의 슬픔을 넘어 사회의 불의와 부당함에 맞서 용감하게 싸울 뿐만 아니라 포용하고 연대했다.

시위대열은 교문을 향해 느리게 전진했다. 이오순은 선봉을 향해 달려갔다. 이오순이 새처럼 가볍고 빠르게 달려가자 학생들의 발걸음도 빨라졌다.

1987년 대통령 선거에서 김대중 후보 지지연설을 하는 이오순

## 안식처이자 연대의 공간, '한울삶'

1986년 8월에 유가협을 창립했으나 유가족들이 편하게 모일 공간은 쉽게 마련하지 못했다. 추모제나 집회에 참석하기 위해서 전국에서 올라온 유가족들이 머물 장소가 시급했다. 유가족들은 여관이나 이오순의 좁은 집에서 지내다 내려갔다. 제대로 된 사무실 한 칸이 없어 운영위원회 회의 장소를 잡는 것도 여의치 않았다. 유가협 사무실 문제는 돈이 없는 것도 문제였지만, 정권의 방해가 더 힘들었다. 유가족 만남의집 마련은 이오순과 박정기 등 회원들의 가장 큰 고민이었다.

"몇 차례 사무실을 얻으려 했으나 민주화운동단체라는 이유로 입주를 거절당했다. 어렵게 사무실을 구했을 땐 경찰이 집주인에게 압력을 가해 쫓겨났다. 대부분의 유가족이 가난한 형편이라 서울에서 숙식을 해결하는 일이 큰 부담이었다. 여러모로 직접 집을 구하는 길이 최선이었다. 김승균 간사장이 아이디어를 냈다. 유가협 집 마련 기금 모금을 위한 서화전을 열자는 것이다. 박정기는 김승균이 직접 나서겠다는 말에 힘을 얻었다."

-송기역, 『유월의 아버지』, 2015년

한울삶에서 동지들과의 한때. 오른쪽이 이오순

한울삶에서 공부하며 이오순이 썼던 글

이오순의 유가협 활동은 두 갈래로 이루어졌다. 유가협 만남의집을 마련하는 것과 투쟁 현장에 나가서 싸우는 것이다. 눈뜨면 대학으로, 거리로 투쟁하러 나가고 밤이 깊어서야 최루가스에 온몸이 전 상태로 집으로 돌아오곤 했다. 투쟁현장에서 싸우는 것은 차라리 쉬웠다. 유가족들이 먹고 자고 쉴 곳이 필요하다는 현실적인 문제가 어려웠다. 유가협 만남의집 마련을 위한 구체적인 계획은 의문사 진상규명을 요구하는 농성장에서 논의하기 시작했다.

유가협을 창립한 지 1년쯤 뒤인 1988년 10월 17일 기독교회관에서 의문사유가족협의회가 발족되었다. 우종원·최우혁·박선영·정연관·김성수·신호수 등 의문의 죽임을 당한 젊은이들의 유가족과 박정기·이소선·이오순 등이 참석했다. 의문사유가족협의회 회장은 정연관의 어머니 임분이였다. 의문사유가협은 발족과 동시에 진상규명을 요구하며 기독교회관에서 집단 농성에 돌입하였다.

그 이전, 1988년 1월 15일에 유가협은 임시 총회를 열었다. 의문사유가족을 유가협 회원으로 받아들일지를 결정하기 위해서였다. 의문사유가족들은 이미 유가협과 함께 활동하고 있었다. 그럼에도 의견이 분분했다. 이오순은 공권력의 폭력으로 인해 숨지거나 생사를 알 수 없는 혈육의 가족들을 유가협의 새 가족으로 받아들여야 마땅하다는 생각이었다. 그 의견에 반대하는 유가협 회원들을 설득해서 함께하기로 했다. 박종철의 아버지 박정기의 기억이다.

"박정기는 단체명에서 실마리를 잡았다. '다 같이 죽은 자식 끌어안고 사는 가족들인데 구분이 무에 필요합니껴? 이 자리에서 함께 밥 먹고 싸우고 있지 않습니까? 이 사실이 가장 중요합니다. 저분들은 이미 우리 가족입니더."

-송기역, 『유월의 아버지』, 2015년

1월 15일 임시 총회에서 유가협 내에 의문사지회를 설립하기로 했다. 이한열의 어머니 배은심을 중심으로 유가협 호남지회를 두었고, 정연관의 어머니 임분이 회장을 중심으로 의문사지회를 두게 된 것이다. 유가협은 그해 10월 17일부터 기독교회관에서 의문사에 대한 철저한 진상규명을 요구하며 농성에 돌입했다. 장장 135일의 긴 농성이었다.

의문사유가족의 사연은 들을수록 억울한 이야기들이었다. 신호수의 아버지 신정학도 자식이 변사체로 발견되자 삶이 정지해버린 듯하다고 했다. 국가보안법 위반 혐의로 조사를 받던 신호수는 1986년 6월 19일 여수시 돌산읍 평사리 대미산 중턱에서 변사체로 발견되었다. 신정학은 혼자 자식 죽음의 원인을 찾아다니다가 유가협을 알게 되었다고 했다. 신정학이 기독교회관에서 진상규명을 요구하는 농성을 하게 된 사연을 남겼다.

"혼자 싸울 때는 참 외롭고 무서워. 우린 의문사야. 의문사는 경찰서나 검찰을 가도 대꾸하는 놈이 없어. 앉았다가 아쉬우면 가졌지 그런 식이야. 그런데 종로5가 기독교방송국(NCC)에서 군의문사 농성한 지 3일이 됐다는 거여. 그때는 의문사든 뭐든 사고 나면 엔시시(NCC) 방송국에 신고했거든."

-송기역, 정윤영 기록, 『너의 사랑 나의 투쟁』, 2016년

이오순은 의문사 진상규명 농성에 적극적으로 참여했다. 기독교회관 인권위원회 사무실 시멘트 바닥에 스티로폼을 깔고 농성을 했다. 이오순은 시간 날 때마다 농성장 주변과 바닥을 청소했다. 밥을 넉넉하게 해 두고 누구나 먹을 수 있게 준비하는 것도 잊지 않았다. 좁은 공간에 많은 사람들이 모여있으니 신경 쓸 일이 많았다.

유가협 회원들은 기독교회관에서 농성하는 중에도 날마다 시위현장에 찾아가 함께 투쟁했다. 의문사를 알리는 유인물을 시민들에게 나눠주고 의문사진상규명위원회 설치를 요구하며 국회와 각 정당을 방문했다. 거리에서, 집회현장에서, 경찰과 싸움은 필연이었다. 어머니들의 몸싸움은 거침이 없었다. 경찰들의 멱살을 잡아 흔들거나, 차라리 죽이라며 대드는 일은 예사였다. 시간이 흐를수록 이오순의 투쟁력은 그 누구도 따라올 수 없을 경지에 이르렀다. 조인식 유가협부회장은 '이오순이 꾀쟁이'였다고 말했다.

"앞에서 전경들이 막잖아요. 못 가게. 그럼 우리는 왜 막냐고, 전경들하고 막 싸워요. 근데 이오순 엄마는 앞에서 싸우는 것이 아니라 어디로 없어져. 그래서 이렇게 보면은 살금살금 어

디로 가. 뒤로 간 거야. 거기서 무전기 들고 얘기하는 사람 옆에 가만히 이러고 섰다가 가방으로 무전기를 탁 쳐버려. 그러면 무전기가 떨어져서 박살이 나버려. 갑자기 통신이 두절되는 것이지. 이오순 엄마 주특기가 그거야."

유가협 동지들과 농성 중인 이오순

 의문사 진상규명 요구 투쟁을 하던 기독교회관 농성장에서 만남의집 마련 방법을 계속 의논했다. 유가협 회장 이소선은 후원회장 문익환과 의논했다. 후원회 총무 김승균이 이미 서화전을 제안한 상태였다. 이소선은 그 의견을 실행하기로 했다. 유가협 운영진은 후원회 도움을 받아 한 번도 해 본 적 없는 서화전에 도전했다. 이오순도 적극적으로 참여했다. 만남의집 마련을 위한 서화전은 서울 경운동 아람미술관에서 1988년 3월 31일부터 10일 동안 열렸다. 서화전은 첫날부터 인산인해를 이루었다. 전국의 유가족이 함께 참여했다. 유가족들은 전시장을 지키고, 작품 안내를 했다. 전시회를 위해 전국에서 올라온 유가족들이 먹고 자야했다. 밥값을 아끼기 위해 전시장에서 직접 밥을 해먹었고, 전시장 가까운 여관이나 회원들 집에서 한데 어우러져 잤다.

이오순은 선영에게 전시작품을 사도록 권유했다. 그의 기억이다.

"'한울삶' 마련할 때 열성적이셨어요. 저한테 '니가 제일 먼저 와서 골라라. 내가 찜해 놓을 테니, 사라'고 하셨죠. 저는 삼락자 스님이라고, 아주 유명한 스님이더라구요. 그분이 찬조하신 병풍을 사려고 했는데 아내가 반대했어요. 우리 집안이 기독교 집안인데, 그 병풍은 머리만 댕강댕강 댕강 그려놓은 거예요. 형수도 기독교 신자예요. 어머니랑 주민교회, 산자교회에 오랫동안 함께 다니셨어요. 그래서 삼락자 스님 병풍을 포기했는데, 그때 어머님이 제 태몽 이야기를 하신 거예요. 죽순밭에서 죽순이 쑥쑥

기금 마련 서화전에서 선영이 구입했던 작품

올라오는 꿈을 꾸었다고 하시더라구요. 그래서 대나무 그림을 삼백만 원 주고 샀어요. 지금도 갖고 있어요."

10일간의 전시회가 끝났지만 집을 장만하기에는 부족했다. 이오순과 박정기, 이소선은 집을 먼저 보러 다녔다. 돈을 다 마련한 다음에 그 돈에 맞춰 집을 사겠다는 계획이 변경된 것이다. 집을 먼저 물색하고 또 다른 방법을 찾기로 했다.

"돈이 다 마련되지 않은 상황에서 박정기는 집부터 물색했다. 처음엔 이소선·이오순과 함께 명륜동 일대를 돌아다녔다. 서울 변두리에 넓은 집을 얻을 수 있었지만 지방 회원들이 찾아오기 쉬운 곳으로 잡아야 했다. 하루는 이소선이 복덕방을 통해 봐둔 동대문의 어느 한옥으로 박정기를 데려갔다. 옷을 만드는 작은 공장(마치코마)으로 사용하는 집이었다."

-송기역, 『유월의 아버지』, 2015년

동대문은 이오순이 숱하게 걸어 다니며 장사했던 곳이다. 유가족의 보금자리 '만남의집'으로 마땅한 곳이 있는지 장사할 때보다 더 세심하게 알아보고 다녔다. 물건을 팔러 다니던 기억을 되살려 이 골목 저 골목을 기웃거렸다. 마침내 종로구 창신동에 27평짜리 작은 한옥을 사기로 결정했다. 부족한 돈은 유가족들이 십시일반으로 모았다. 작게는 5만 원부터 많게는 2백만 원까지 내놨다. 이오순도 형편이 되는 대로 후원금을 냈다. 유가협의 보금자리가 될 집이었다. 이오순이 살고 있던 삼선교의 집과도 가까웠다.

1989년 12월 17일은 유가협이 만남의집에 입주한 역사적인 날이다. 만남의집 이름은 '한울삶'이다. 서화전에 신영복이 후원한 글씨가 '한울삶'이었다. '한울타리', '하늘 같은 삶', '한가족처럼 사는 삶'이라는 뜻이다. 집의 의미는 이오순이 생각한 것과 똑같았다. 이오순은 한울삶에서 운명하기 직전까지 약 4년 정도 유가족들과 함께 동고동락하며 지냈다.

'한울삶'
내부 전경
(2025.8.23.)

이오순에게 한울삶은 안식처였다. 눈뜨면 만나고 싶고, 함께 잠들고 싶은 사람들이 모여 사는 집이 한울삶이었다. 동병상련의 고통을 껴안고 뒹굴며 연대의 정신을 배운 곳이다. 한국의 역사를 배우고 익히며 민주화의 의지를 다진 곳이다. 남자도 없고 여자도 없이 오로지 사람만 있는 곳. 그 무엇보다 열사들이 함께 모여 있는 곳이다. 한울삶은 이오순이 살아온 생애에서 가장 편안하게 느낀 공간이었다.

한울삶 한쪽 벽에 열사들의 영정이 나란히 붙어있다. 열사들 속 광영의 모습을 보고 있으면 마치 막내아들이 집에 돌아와 있는 것처럼 여겨졌다. 백일 된 광영을 업고 서울에 왔었다. 제대로 먹이지도 못했는데 하루가 다르게 쑥쑥 자랐다. 엄마라는 말보다 '돗자리 사려!'를 먼저 배운 막내아들이었다. 막내아들이 '돗자리 사려!'를 외칠 때마다 장사꾼의 말을 따라 하는 것을 바라지 않았던 이오순은 아들의 엉덩이를 찰싹 때렸다. 광영의 사진을 보고 있으면 그때의 정경이 떠올라 눈시울이 뜨거워졌다.

이오순은 만남의집 마련을 위한 서화전을 진행하는 중에 문익환 목사가 평양에 갔다는 소식을 들었다. 문익환 목사가 늘 하던 말, 분단 50년을 넘기지 말자던 말이 생각났다. 민주화운동의 끝은 결국 분단된 조국의 통일이라고 했던 말도. 노랫말처럼 '우리의 소원은 통일'이라면 평양이든 어디든 못 갈 이유가 없다고 생각했다. 문익환 목사다운 발걸음이라 생각했다.

7부

"제발 죽지 말고 싸워라!
살아서 싸워 이겨라!"

## 또 다른 광영이들

1989년 5월 8일 서울 명동 전진상교육관에서 '어버이 한마당 잔치'가 열렸다. 이 공연에서 작곡가 김제섭이 만든 노래 〈눈 감으면〉이 처음으로 선을 보였다. 노래 제목은 문익환 목사의 시에서 가져왔다. 문익환 목사는 이오순의 이야기를 듣고 시를 한 편 썼다.* 이오순이 입만 열면 되뇌던 말을 문익환 목사가 그대로 시로 옮겨 쓴 것이다. 이 노래는 열사가 아닌 유가족을 소재로 한 최초의 노래였다. 작곡가 김제섭은 문익환의 시를 약간 바꾸어 가사를 썼다. 이날 공연에서는 박미선이 불렀다.

눈 감으면 보이는 내 아들딸의 얼굴
지금도 떠나지 않고 가슴 속에서 웁니다
해마다 봄이 오면 메아리도 아지랑이도
눈 감으면 보이는 사랑스러운 모습

이 노래가 시작되면 흥겹던 공연장 분위기는 금방 숙연해졌다. 유가족의 심정을 대변하는 노래였기 때문이다.

---

\* 송기역, 『유월의 아버지』, 후마니타스, 2015년

'어버이 한마당 잔치'가 계기가 되어 유가협은 문화공연을 기획했다. 작곡가 김제섭이 후원회원으로 참여하면서 유가협 노래단을 먼저 꾸리게 되었고, 문화공연 '어머니의 노래'도 기획되었다. 공연날짜는 1991년 4월 27일이었다.

그런데 그 전날인 4월 26일 오후 3시 명지대 학생 강경대가 시위 도중 백골단의 쇠파이프에 맞아 사망했다. 명지대생들은 등록금 인상 반대투쟁을 벌이다 구속된 총학생회장의 석방을 요구하며 교문시위를 벌였다. 강경대는 신입생이었다.

이오순은 끊이지 않는 국가폭력과 젊은이들의 죽음에 절망했다. 그동안 노동자, 농민, 학생들이 숱하게 목숨을 바쳤다. 유가협 회원들이 해마다 늘어났다. 추모제와 기념사업, 연대사업, 후원회 활동 등 유가협의 활동도 점차 많아졌다. 그런데도 또다시 생때같은 젊은이가 목숨을 잃었다는 소식에 이오순은 할 말을 잃었다. '도대체 얼마나 더 피를 흘려야 하는가? 민주주의가 이렇게도 폭력적이었던가? 함께 연대하고 누구나 평등한 세상을 만드는 것이 이렇게 어렵고 고단한 일이었던가?' 이오순은 박정기와 함께 병원으로 갔다.

강경대 아버지 강민조는 넋이 나간 상태였다. 강경대는 4월 26일 집회에서 연락책을 맡았다고 했다. 강민조는 아들이 백골단의 쇠파이프에 맞아 죽었다는 소식에 기가 막혔다. 강민조[**]는 그 끔찍한 이야기를 읊조렸다. 그날의 국가폭력은 이동권이 쓴 강경대 평전에 상

---

[**] 現 (사)전국민주화운동 유가족협의회(민주화운동 기념공원) 회장

세하게 기록되어 있다.

"전경들은 선두에 있던 학생들을 향해 최루탄을 쐈다. 이때 명성서적 옆 골목에 숨어 있던 백골단들이 뛰쳐나와 학생들을 향해 돌진했다. 하지만 학생들은 백골단의 급습을 알아차리지 못했다. 강경대는 어떻게든 선두에 있는 학생들에게 갑작스러운 백골단의 출현을 알려 퇴로가 막히는 불상사를 막아야 했다. 선두를 향해 뛰는 강경대를 본 제94중대 백골단들은 몸을 틀어 경대를 잡기 위해 달려갔다. 백골단은 학교 담장을 뛰어넘으려는 경대를 잡아 끌어내린 뒤 담장에 비스듬히 세워놓고 움직이지 못하게 붙잡았다. 이때 백골단 4명이 한꺼번에 달라붙어 115cm 길이의 쇠파이프로 경대의 가슴과 어깨를 마구잡이로 내리쳤다."

그 이야기를 듣던 이오순은 눈을 질끈 감았다. 너무나 끔찍해서 더 들을 수가 없었다. 제정신이 아니었다. 제정신으로 들을 수도, 할 수도 없는 이야기였다. '사람을 세워놓고 때려죽이다니. 여기가 지옥인가, 사람 사는 세상인가? 어떻게 사람이 사람에게 이럴 수가 있을까?' 이오순은 백골단의 쇠파이프가 자신의 가슴에, 다리에, 머리에 내리쳐지는 것 같은 아픔을 느꼈다. 광영이 제 몸에 불을 붙였다는 말을 듣던 순간이 떠올랐다. '무슨 말이야. 왜? 그럴 리가 없어.' 현실에 대한 의문과 부정의 말이 먼저 튀어나왔다. 믿고 싶지 않았기 때문이었다. 하지만 광영은 저 스스로 선택한 죽음이었다. 유가협 가족교실에서 국가권력에 저항한 모든 죽음은 사회구조적 타살이라고 배웠지만, 그래도 스스로 선택한 것이다. 강경대는 타살이었다. 산사람을 도망가지 못하게 붙잡아 세워두고 때려죽이다니. 이오순은 부르르 몸을 떨었다.

이오순은 조문을 마치고 강경대 부모에게 다가갔다. 그들에게는 누군가가 필요했다. 아들의 사망 소식을 믿지 못하고 어리둥절한 채 정신이 없을 그 부모에게 필요한 사람은 유가족들이었다. 동병상련만이 지금 강경대의 부모를 이해하고 위로할 수 있었다. 이오순은 강경대 부모의 손을 꼭 잡았다. 무슨 위로가 되겠는가. 어떤 말이 들리겠는가. 모두가 제 자식을 죽인 가해자처럼 보일 것이다. 이오순도 그랬다. 그래서 더욱, 이오순은 꼭 해주고 싶은 말이 있었다.

"1985년에 독재 타도를 외치고 분신한 송광영 엄마입니다. 저도 지금 아버님처럼 정신이 없었습니다. 어느 날 갑자기 자식을 보내고 정신을 잃었습니다. 그러던 중에 제가 정신을 놓으면 안 된다는 생각이 들었습니다. 아직 아들이 이루려고 했던 뜻이 무엇인지도 모르고 있다는 생각이 들었습니다. 경대도 이루고 싶은 뜻이 있었을 것입니다. 부모님이 그 뜻을 알아주어야 합니다. 경대가 원하는 것은 최루탄 속에서도, 백골단의 쇠파이프 앞에서도 물러서지 않은 그 이유를 부모님과 친구들이 알아주는 것입니다. 오늘부터 경대는 칠천만 동포의 아들입니다. 힘내십시오."

-강경대의 아버지 강민조

이오순은 강경대 부모가 자신이 한 말의 의미를 온전히 이해했다고 여기지 않았다. 자식을 땅에 묻고 못 견디게 자식이 보고 싶은 순간이 찾아오면 그때야 기억날 것이다. 내 자식은 왜 그렇게 죽어야 했는가? 내 자식이 바란 세상은 어떤 세상이었는가? 지금 강경대의 부모에게 필요한 것은 위로와 격려와 이해였다. 이오순은 강민조의 손을 꼭 잡아주고 나왔다.

4월 27일 연세대학교에서는 '강경대 열사 폭력살인 책임자처벌을 위한 전대협 백만학도 결의대회'가 열렸다. 이오순과 유가협 회원들은 연세대학교 교정에서 하루종일 학생들과 함께 싸웠다. 곧이어 격렬한 가두시위로 이어졌다. 강경대의 죽음은 비통함과 분노를 넘어 누구라도 그렇게 죽을 수 있다는 공포를 주었다. 강경대의 죽음에 항거하는 죽음들이 잇따랐다. 박승희·김영균이 분신하면서 투쟁이 점차 격화되었다.

그렇게 젊은 청춘들의 분노가 죽음으로 이어지던 어느 날이었다. 막내아들 광영이 다녔던 경원대학교에서 놀라운 소식이 들려왔다. 경원대 학생 천세용이 분신했다는 것이다. 이오순은 눈앞이 캄캄해지는 것 같았다. 천세용은 1990년 3월에 경원대에 입학한 광영의 후배였다.

천세용은 1991년 5월 3일 오후 3시경 '강경대 학우 폭력 살인 자행한 노태우 정권 타도를 위한 결의대회' 도중 제 몸에 불을 붙이고 투신했다. 어려운 집안 사정 때문에 낮에는 일용직 건설노동자, 세차장 아르바이트로 등록금과 생활비를 벌었고 밤에는 야간강좌를 들으면서 열심히 살았다고 한다. 천세용은 마지막 순간까지 목에서 피가 터져 나오도록 외쳤다.

"공안통치 분쇄하자!"

"노태우 정권 타도하자!"

　그는 스무 살 생일을 이틀 앞둔 5월 3일 밤 10시경 자신을 키워준 외할머니와 동생이 지켜보는 가운데 운명했다.

　천세용 열사의 장례는 5월 9일 경원대 대운동장에서 민주국민장으로 치렀다. 이오순은 추모사를 하기 위해 마이크를 잡았다. 광영의 추모제 때마다 경원대 학생들 앞에 섰다. 그때마다 '죽지 말고 싸우라, 싸워서 이겨라!' 외쳤는데 아무 소용이 없었단 말인가. 가슴이 쪼개지는 것처럼 아팠다.

　이오순은 잠깐 눈을 감았다. 대운동장에 모여 있는 학생들도 함께 침묵했다. 5월의 밝은 햇살 아래 모여 있는 수천의 학생들이 보였다. 모두 다 막내아들 광영이 같았다. 모두 다 천세용처럼 보였다. 그들의 얼굴에는 공포와 수심과 슬픔이 가득했다. 아무것도 기대할 수 없는 나날들이었다. 이오순은 가슴을 지그시 눌렀다. 어렵게 입을 열었다. 갈라지고 잠긴 목소리였다.

"제발 죽지 마십시오! 살아서 싸우십시오! 싸워서 이기십시오! 우리 아들 광영이가 다시 살아온다 해도 나는 같을 말을 할 것입니다. 문익환 목사님이 이한열 열사 영결식에서 열사들의 이름을 목놓아 불렀습니다. 우리 아들 이름도 거기 있었습니다. 그렇게 목이 터져라 부르면 뭐합니까? 내 아들은 살아 돌아오지 않습니다. 천세용이도 마찬가집니다. 우리 광영이가, 세용이가 무슨 죄를 지었습니까? 독재를 막고 민주화를 위해 싸우다 학생과 노동자들이 죽고 다치고 있습니다. 이런 일이 더 이상 계속되지 않으려면 독재정권은 반드시 물러나야 합니다. 독재정권은 순순히 물러나지 않습니다. 우리가 목숨을 걸고 싸워야 합니다. 하지만 살아서 싸워야 합니다. 끝까지 죽을 힘을 다해 싸워서 이겨야 합니다! 그 누구도 열사를 원하지 않습니다. 목숨을 걸고 싸울 투사를 원합니다. 광영이도 세용이도 그것을 원합니다. 절대 죽지 말고 싸웁시다! 싸워서 이깁시다! 부탁입니다!"

-이오순 생전 추모사, 『송광영 평전』 집필팀 자료

이날 이오순의 한 맺힌 추모사는 오천 경원 학생들의 가슴을 뒤흔드는 깃발이 되어 펄럭였다.

광영이 명예졸업을 기리며 받은 자신 모습이 담긴 판화를 들고
(1991.2.27.)

## 법정 항의와 수배를 피한 광주 생활

강경대 사망 이후 일명 '열사정국'이라 불리는 5월 투쟁이 시작되었다. 민중들의 삶에는 아무런 관심도 없는 정권, 오로지 장기집권과 자신들의 부를 축적하기 위해 혈안이 된 부패한 세력 노태우 정권은 최대의 정치적 위기를 맞았다. 정부의 폭력적 탄압에 대응하는 학생과 재야의 저항이 격렬해졌다. 대중의 분노는 정권퇴진운동으로 전환되면서 시위의 규모와 내용이 달라지고 있었다. 그 한가운데 열사들이 있었다.

4월 26일 강경대 사망 이후로 5월 2일 안동대 김영균 분신 사망, 5월 3일 경원대 천세용 분신 사망, 5월 6일 한진중공업 박창수 노조위원장 타살, 5월 12일 전남대에서 노동자 윤용하 분신 사망, 5월 18일 강경대 장례행렬이 광주로 가는 도중 연세대 앞에서 이정순 여사 분신 사망, 5월 19일 전남대 박승희 분신 사망, 5월 25일 성균관대 김귀정 경찰 과잉진압으로 사망, 5월 29일 전남대 병원에서 정상순 분신 후 투신 사망, 6월 2일 보성고 김철수 분신 사망, 6월 15일 인천 삼미캔하 노동자 이진희 분신 사망, 6월 24일 인천 택시노동자 석광수 분신 사망…. 유가협 30년사에 정리된 내용이다. 열거하는 것조차 마음이 아플 정도로 많고 많다. 그들이 제 몸을 불사르며까지 요구한 것은 "독재정권 타도!"였다.

1991년 7월 4일 전쟁과 같은 치열한 열사정국을 통과하던 중에 강경대 치사사건 1차 공판이 열렸다. 강경대의 아버지 강민조는 아들의 장례를 치르면서 유가협 회원이 되었다. 이오순은 유가협 회원들과 함께 재판정에 갔다. 유가협 회원들은 동지들이 재판을 받으면 법정투쟁을 벌이고 교도소에 수감되면 그곳이 어디든 찾아가 면회를 했다. 비록 갇혀있지만 혼자가 아니라는 위로와 격려였다.

재판을 시작하기 전에 재판장이 입장하면 법정경위가 모두 일어서라고 한다. 이오순은 재판부에 그런 예의를 차릴 필요가 없다고 여겼다. 유가족을 향해 다급하게 외쳤다.

"일어서지 마! 사법부는 물러가라!"

유가협 회원들도 한목소리로 외쳤다.

"사법부는 똑바로 재판하라!"

강경대를 타살한 전투경찰 5명에 대한 재판이 진행되었다. 재판을 지켜보던 이오순과 유가협 회원들은 이에 대해 격렬하게 항의했다. 왜 책임자는 처벌하지 않느냐고 소리를 질렀다.

강민조는 치사가 아니라 살인이라고, 내 아들을 쇠파이프로 내리쳐 죽이지 않았느냐고, 그것은 살인이라고 피를 토하듯 소리쳤다. 유가협 회원들은 재판정을 향해 똑바로 하라고 고함을 지르고 구호를 외쳤다.

"노태우 살인정권 물러가라!"

"사법부는 똑바로 재판하라!"

"소리가 작아서 안 들린다, 큰소리로 심문하라!"

유가족들의 목소리가 높아지면 높아질수록 재판부 판사들의 목소리는 작아졌다. 일부러 작은 소리로 심문을 하고 있다고 여겨졌다. 박종철의 아버지 박정기는 아무리 고함을 질러도 듣는 척도 하지 않는 재판부를 지켜보다 말했다.

"우리가 좀 더 조직적으로 움직입시다."

그리고 방청석을 향해서 외쳤다.

"사천만이 지켜보고 세계인류의 관심사인 중대한 사건을 이런 조그마한 법정에서 할 수 있느냐? 대법정으로 옮겨라! 노태우 정권 물러가라!"

이오순, 이중주, 오영자가 따라 외쳤다.

"대법정으로 옮겨라! 살인정권 물러나라!"

강민조는 치사가 아니라 살인이라고, 내 아들을 죽이려고 쇠파이프로 때리지 않았느냐고, 그것은 살인이라고 또다시 소리쳤다. 강민조의 목소리는 갈라져 제대로 나오지 않았다. 이오순과 유가협 회원들은 재판정을 향해 똑바로 하라고 고함을 지르고 구호를 외쳤다.

"사법부는 물러가라!"

전투경찰들에 대한 검사 측의 본격적인 심문이 시작되자 강민조는 말했다.

"내 아들은 도망가다가 붙잡혀서 맞아 죽었다. 도망가는 학생은 도망가게 두지 왜 그랬느냐?"

말을 마친 강민조는 분을 이기지 못하고 고개를 들고 서 있는 가해자들에게로 돌진했다. 교도관들이 말리자 이들을 몸으로 밀어붙이며 재판정을 향해 울부짖었다.

"똑바로 조사하라!"

국선변호사가 가해자들에게 물었다.

"강경대도 화염병을 던졌나?"

이 질문에 강민조의 분노는 한계를 넘어버렸다. 강경대가 화염병을 던져 불법을 저지른 것이 아니냐는 의도성 질문에 유가협 회원들도 폭발했다. 유가협 회원들은 똑바로 조사하라고 외치며 재판장 앞으로 돌진하였다. 교도관들이 제지하자 강민조는 그들을 피해 날쌔게 달려가 국선 변호인의 뺨을 때렸다. 박정기는 갖고 있던 부채로 교도관의 뺨을 때리고 변호인석을 향해 부채를 내던졌다. 이오순과 오경자는 법정으로 뛰어들어 가해자와 변호인의 멱살을 잡아 흔들고 목발을 짚고 있던 오경자는 목발을 들어 교도관을 향해 휘두르다 변호인석을 향해 집어 던졌다.

이날의 행동으로 강민조는 7월 12일에 구속되어 실형을 선고받았고, 박정기도 7월 7일에 구속되었다. 이오순과 오경자는 지명수배되어 2년 6개월 동안 도피생활을 했다. 죄명은 법정 소란죄였다.

이오순은 법정투쟁으로 수배된 줄도 모르고 강민조와 함께 7월 5일 광주에서 열린 박승희 열사 49재에 참석했다. 우연히 텔레비전 뉴스에서 자신이 지명수배되었다는 것을 알게 되었다. 이오순의 도피생활은 이때부터 시작되었다. 강경대의 아버지 강민조의 기억이다.

"91년 7월에 수배됐는데, 광주에 가서 알게 되었어요. 전남대에서도 오라 그러고 조선대, 호남대, 목포대에서도 연대사를 해달라고 해요. 그때 전국의 대학에서 독재 타도, 노태우 정권 물러나라며 날마다 시위를 할 때였어요. 또 우리 경대 재판이 진행 중이라서 언론 인터뷰 요청도 있고 그래서 광주에 갔어요. 그런데 수배되었다는 뉴스가 뜬 것이지요. 할 수 없이 이오순 어머니와 함께 전옥주, 5·18 유공자 전옥주 여사님 집으로 가서 숨었어요."

-강경대 아버지 강민조

　이오순은 수배되었다는 뉴스에도 크게 걱정하지 않았다. 그래도 혹시 모르니 서울로 곧바로 올라가지 말고 전옥주 집에서 며칠 지내기로 했다. 숨었지만 숨은 것이 아니었다. 날마다 대학교 교정에서 연대사를 하고 학생들하고 함께 시위를 했다. 시위가 끝나면 전옥주 집으로 가서 쉬었다. 다음 날이 되면 또 대학교 교정으로 나갔다. 교정에서 집회가 끝나면 가두시위를 했다. 이오순은 집회현장에서 '죽지 말고 살아서 싸우라고, 싸워서 이기라'고 외쳤다. 일정이 없을 때는 전옥주 집에서 쉬다가 초청받으면 가서 강연을 했다.
　광주에서는 어디를 가든지 환영해주었다. 강경대의 아버지 강민조, 송광영의 어머니 이오순은 대학생들, 전교조 선생님들에게 최고의 환대를 받았다. 모두 친절했고, 무엇이든 주고 싶어 했다. 이오순과 강민조는 자신들이 수배받고 있다는 사실을 크게 의식하지 않고 있었다. 전옥주의 집에 들어갈 때는 항상 늦은 밤이었다. 아침이면 일찍 길을 나서야 할 때가 많았다. 그때마다 차를 갖고 찾아오는 사람이 있었다. 강민조를 따라다니는 형사였는데 형사인 줄 모르고 그들과 상황을 공유했다. 형사라는 신분을 알아차리고 강민조는 통탄했다.

"믿었어요. 친절하고 좋은 사람이라고만 생각했어요. 형사였는데, 몰랐어요. 그러니까 프락치가 붙어버린 거예요. 아이고 참…, 어떻게 그걸 모를 수가 있었는지 모르겠어요."

-강경대 아버지 강민조

형사는 매우 친절했다. 비싼 수입 과일을 사다 주는가 하면, 일상적인 불편함도 세심하게 돌봐주었다. 강민조는 형사들에게 모든 것을 다 이야기했다. 그들은 강민조와 이오순 곁에서 밀착 수행했다. 그들은 전옥주의 아파트 주차장에서 항상 대기했다. 그날 강연해야 할 대학에서 데리러 올 수 없는 형편이면 그들이 데려다주고 강연이 끝나고 이동할 때 다시 데리러 왔다. 두 사람은 이 친절함을 단 한 번도 의심하지 않았다. 광주에서 이동할 때는 항상 광주 사람들과 같이 이동했다. 그들이 이오순과 강민조를 차에 태우고도 연행하지 못한 이유는 항상 광주 사람들하고 함께 있었기 때문이었다.

전옥주만 해도 그랬다. 전옥주는 80년 광주항쟁 때 가두 방송을 했었다. 그녀의 가두 방송 내용은 한 번 들으면 잊히지 않을 정도로 처절했다. 항쟁 당시 시위군중들이 구름떼처럼 그녀의 방송차량을 따라다녔다. 전옥주는 광주항쟁 도중 체포되어 간첩으로 몰렸다. 북한에서 교육을 받고 온 공작원 '모란꽃' 아니냐는 추궁을 받으며 모진 고문을 당했다.

전옥주는 강민조와 이오순이 수배 중이라는 말을 듣자마자 자신의 집으로 가자고 했다. 국가폭력으로 죽음의 문턱에서 겨우 살아난 전옥주는 같은 처지의 사람들을 넓은 마음으로 품었다. 이오순과 강민조는 광주 사람들에게서 마음에서 우러나오는 동지애를 느꼈다.

"어느 날 한 사람을 더 데리고 왔더라구요. 뚱뚱한 사람을. 누구냐고 물었더니 자기 이웃에 사는 사람이라고 해. 그래서 그런 줄 알았지요. 나중에 알고 보니까 그 사람도 형사인 거예요. 시간이 자꾸 가니까 적당한 때에 체포하려고 한 것이지요. 그런데 광주 사람들이 우리 둘만 놔두질 않으니까 체포를 못 한 거예요."

-강경대 아버지 강민조

형사들이 이오순 일행을 체포하지 못한 이유는 광주였기 때문이었다. 학교에서는 학생들에게 둘러싸여 있었고, 학교를 벗어나면 광주지역 민주인사들과 함께였다. 학생들이 이오순과 강민조를 데리러 오면 그 뒤를 형사들이 따라왔다. 이오순은 든든했다. 서울에서 시위하다 경찰들에게 붙잡혀서 어딘지도 모를 곳에 버려진 적이 한두 번이 아니었다. 그런데 지금은 학생들이 모시러 오고, 뒤에서는 또 친절한 광주시민들이 따라오니 안심이 되었다.

전옥주 집에서 2주 정도 지내다가 전교조 윤영규 위원장 집으로 옮겼다. 하지만 계속 광주에 있을 수는 없었다. 이오순과 강민조가 항상 학생들하고 함께 움직였기 때문에 체포하지는 못했지만 언제까지 피해 다닐 수는 없었다.

"광주 분들이 의견을 냈어요. 서울에서 기자회견을 하고 법원으로 들어가자. 그림이 되잖아요. 이 정권은 아들도 때려죽이고 그 아비도 잡아 가둔다! 그런데 서울까지 어떻게 붙잡히지 않고 갈 것인가, 그것이 문제잖아요. 그 문제도 광주 분들이 방법을 찾아냈어요. 그때가 양파 출하 철이었어요. 그래서 양파를 싣고 가는 차에 숨어서 서울까지 가기로 했지요. 그런데 속도 없이 그 프락치들에게 서울로 들어간다, 이오순 어머니하고 같이 양파 실은 트럭 타고 들어가기로 했다고 이야기해 줬어요. 서울 가서 기자회견하고 법원으로 간다고."

-강경대 아버지 강민조

이오순 일행은 양파 실은 차에 타고 서울로 출발했다. 여러 대의 차에 나눠타고 광주 민주인사들이 따라오고 있었다. 하지만 전주 톨게이트에서 막혔다. 이미 이오순과 강민조가 이동하고 있다는 사실을 알고 있었던 경찰들이 체포를 시도한 것이다. 그때까지도 이오순 일행은 함께 다녔던 사람들이 형사였다는 것을 알아차리지 못했다. 어쨌든 서울로 올라가는 길이 막혀버리자 광주의 재야인사들이 다시 방법을 제시했다. 광주검찰청으로 가자, 대신 이오순은 자수하지 않고 강민조만 검찰에 출두하기로 결정하고 다시 광주로 돌아왔다. 광주지방법원 앞에는 소식을 들은 시민들 수천 명이 모여 있었다. 이오순 일행은 수천 명의 시민들을 보자 안심이 되었다. 마치 그들이 검찰의 수사도 막아줄 것처럼 여겨졌다.

"그런데 내가 검찰청으로 들어감과 동시에 딱 막아버려. 시민들 그 누구도 못 따라오게. 광주시민들이 막 밀고 당기고 했지만 소용없어. 검찰청으로 들어가서는 조사도 없이 곧바로 서울로 압송되었지요. 이오순 어머니 혼자 광주에 남았어요."

-강경대 아버지 강민조

## 더 강하고 절실하게, 유가협 부회장

 광주에 혼자 남게 된 이오순은 수배 중이라는 사실이 새삼 부담이 되었다. 같이 수배 중이었던 강민조 없이 혼자 피신을 다녀야 한다는 사실이 낯설었다. 집에서도 투쟁현장에서도 혼자인 적이 없었다. 가끔 시위대 맨 앞줄에서 동지들과 멀어진 채 혼자 싸운 적도 있었지만 짧은 순간이었다. 눈 깜짝할 새에 나타난 박정기와 강민조가 앞장서서 전경들과 싸우고 있었다. 이오순은 언제 어디에서든 유가협 동지들과 함께였다. 항상 북적북적하던 한울삶이 그리웠다.
 수배생활은 쉽지 않았다. 전옥주의 집에서 신세를 지고 있었지만 언제까지나 머물 수는 없었다. 전옥주는 얼마든지 있어도 된다고 했지만 민폐였다. 그녀는 고문 후유증으로 고통받고 있었다. 더 이상 신세를 질 수는 없었다.
 어떻게 해야 할까 고민하고 있을 때 성남 산자교회 김해성 목사와 신장호의 어머니 정영자가 이오순을 찾아왔다. 수배생활이 어떤지 궁금하기도 하고, 위로하려고 왔다고 했다. 짧고 간절한 기도를 해주었다. '건강하게, 무사하게 돌아오라'는 기도가 고마웠다. 두 사람이 떠나고 나자 한울삶이 더 그리웠다. 1991년 1월에 가족교실에서 공부하던 때가 생각났다. 이오순은 둥지반에 입학했다. 둥지반에서 공부하면서 학교에 다니지 못한 한을 조금이나마 풀었다. 쓰고 읽기를 열심히 했다. 이오순의 둥지반 졸업 소감문이 유가협 30년사인 『너의 사랑 나의 투쟁』에 기록되어 있다.

"처음에는 무엇을 배울까, 걱정을 했다. 그러나, 세 선생님들로부터 자세한 가르침과 설명을 듣고 나는 인생을 헛살았다는 생각이 든다. 80 노인이 손주한테 배운다는 속담이 맞다. 광영이를 잃고 나서야 민주화가 무엇인지 독재가 무엇인지 조금 알게 되었다. 그것도 광영이가 남기고 간 유서를 읽으면서 알게 되었다. 일본놈들이 나쁜지는 어려서부터 알았어도 그렇게 악랄한지, 독립군을 수만 명 학살한 줄은 몰랐다. 사람은 배워야 한다. 일제 때나 지금이나 목숨을 걸고 투쟁하다 죽어가고, 옥중에서 고생하고 있는데 나는 바보세상을 살았으니 그야말로 죄스럽고 창피하기 짝이 없다. 「민중의 역사 1」, 「임수경 방북백서」, 문익환 목사님 비디오를 보면서 정말 깜짝 놀라지 않을 수 없었다. 우리 국민들, 그리고 우리 유가족들이 독재 타도, 남북평화통일 운동에 앞장서서 투쟁하면 평화통일은 멀지 않을 것을 믿는다. 열사들의 뜻을 이어받아 독재를 타도하고 평화통일을 이룩하자!"

한울삶도 가족교실에서 공부하던 때도 그리웠다. 초등학교 1학년처럼 소리 내 읽고 썼던 기억도 새록새록 떠올랐다. 하나부터 열까지 세세하게 가르쳐주던 선생들도 그리웠다. 유가협 소식지에 글을 써보냈다. 수배생활의 고충과 한울삶에 대한 애정을 솔직하게 털어놓았다.

"5개월 가까이 지나도록 만나지 못해 궁금하고 보고 싶은 마음 금할 길 없다. 나는 수배생활이 이렇게 속 터지는 줄 몰랐다. 유가협에 할 일이 많고 추모제도 자주 있고 여기저기 다녀야 하는데 내 발을 꽁꽁 묶어놓고 있다. …우리 가족 총회 준비하느라고 사무장 간사들이 얼마나 수고를 하는지, 내가 가서 밥이라도 해주어야 하는데 그리 못하는 심정을 이해했으면 한다. …박선영 어머니, 이기정 어머니, 어디서 지내는지 궁금하다. 우리는 감옥에 갇혀있는 분들에게 비하면 아무것도 아니다. 수배라 해서 갈 데 못 가고 앉아있으니 나 자신이 쩨쩨하고 비겁하다. 나는 수밴가 지랄인가 끝나면 그동안에 유가족 사무실에서 못했던 일들 열심히 할 것이며 독재 타도 투쟁도 끝까지 할 것이다. 1991년 11월 9일. 송광영 모 이오순."

시간이 흐를수록 수배생활의 고통은 더 심해졌다. 강민조와 박정기가 포승줄에 묶여 재판정에 오가는 모습을 텔레비전 뉴스에서 본 이후로 분하고 불안한 마음도 컸다. 당장에라도 달려가서 두 아버지와 함께 감옥엘 가든 싸움을 하든 하고 싶었다. 유가협 회원들이 두 아버지의 구속과 우리들의 수배에 항의해서 농성을 하다 연행되었다는 소식도 들렸다. 몇 개월을 광주에 갇혀 지내다시피 한 생활을 접고 서울로 가기로 결심했다. 전옥주의 집을 떠날 때 변장을 하느라고 머리도 자르고, 옷도 평소에 입던 것과는 다르게 바꿔 입었다. 아무에게도 연락하지 않고 서울로 갔다.

　서울에 도착했지만 막막했다. 집으로 갈 수는 없었다. 수배 중이니까 당연히 집은 감시하고 있을 것 같았다. 한울삶 앞에도 수상한 사람들이 얼쩡거리고 있었다. 분명 수사관들일 것이다. 광영의 추모식이 코 앞인데 아무것도 할 수가 없으니 속이 터질 것 같았다. 매년 광영이 추모식이 돌아오면 이오순은 바빴다. 음식을 준비해서 광영의 묘에도 가야 하고, 경원대 학생들에게 죽지 말고 싸우라는 당부의 말도 해야 했다. 경원대 학생들에 대한 고마움은 말로 다 표현할 수 없었다.

　경원대 학생들은 모두 이오순의 자식들이라 생각하고 있었다. 이오순은 경원인들에게 공부하라고, 성공하라고 말하지 않았다. 경원의 정신으로 더 잘 싸워서 민주국가를 이룩하자고 목소리를 높였다. 민주국가만이 사람 사는 세상이라고 했다. 경원대 학생들은 환호했다. 가슴을 쫙 펴고 이오순을 연호했다. 그들이 보고 싶었다. 학생들이 기다릴 것인데, 길목마다 경찰들이 지키고 서 있어서 학교에도, 산소에도 갈 수 없으니 복장이 터질 것 같았다.

　이 집 저 집 아는 사람들, 친척들 집을 전전했다. 짧으면 2일에서 3일, 길면 1주일을 신세 졌다. 옷 보따리는 점점 무거워지고 밥 챙겨 먹는 것도 번거롭고 귀찮고 힘들었다. 심경이 복잡하고 울화가 치밀어오르니 온몸이 아팠다. 평생 두 다리로 걸어 다니며 벌어먹고 산

탓에 무릎도 몹시 아팠다. 울화증도 심해졌다.

1991년 11월 30일, 이오순이 수배 중인 상태에서 열린 유가협 6차 총회에서 부회장으로 선출되었다. 회장은 박정기였다. 박정기는 10월 24일 구속 99일 만에 집행유예로 풀려난 상태였다. 후원회장은 문익환 목사였다.

이오순의 수배는 1993년 5월까지 풀리지 않았다. 수배자의 신분으로 부회장직을 수행했다. 잡아갈 테면 잡아가라는 마음이었다. 더 이상 숨을 곳도 없었다. 그렇게 마음먹고 나니 가지 못할 곳이 없었다. 마음도 편해졌다.

1992년 3월 7일 후원회에서 주최한 하루 주점에 적극적으로 참여했다. 한울삶의 살림을 꾸리는데 후원행사에서 얻은 수입이 큰 역할을 했다. 유가협 아버지들이 장 봐오고 어머니들이 음식을 만들어 팔았다. 주점은 항상 성황이었다.

1992년 3월 10일 형기를 마치고 몇 달 만에 출소한 강민조 환영식에 가서 함께하지 못한 미안한 마음을 전하고, 고생한 그를 위로하고 환영했다. 3월 15일 숭실대에서 열린 '전국민족민주열사추모사업회연대회의' 출범식, 6월 13일 연세대학교에서 개최된 '민족민주열사 범국민 추모의날' 집회 참석, 11월 민주정부 수립을 위한 국민대회, 12월 대통령 선거 김대중 후보 찬조연설, 1993년 1월 16일 연세대 '양심수 전원석방을 위한 결의대회' 참석, 2월 4일 민가협, 유가협 회원 50여 명과 함께 '양심수 석방', '국보법 철폐'를 요구하는 무기한 농성, 1993년 5월 24일 민가협, 유가협 회원 30여 명과 기독교회관에 '양심수 전원석방'을 요구하는 농성, 9월 23일 탑골공원에서 개최된 '양심수 전원 석방, 국보법 철폐'를 요구하는 집회 등 숨어 있었던 시간 동안 함께 하지 못했던 공백을 벌충이라도 하려는 듯 열심히 뛰어다녔다. 그 모습이 마치 물 만난 고기처럼 활기찼다.

이오순은 1993년 5월경 수배가 해제되고 불구속 상태로 재판을 받기 시작했다. 1심에서 검사는 1년 6월을 구형했다. 선고공판은 1994년 2월 1일에 예정되어 있었다.

이오순은 시위현장 어디서든 가장 앞장서 싸웠다. 오른쪽이 이오순

이오순은 유가협회원들과 1992년 1월 김대중의 집을 방문했다.
김대중의 뒤 왼쪽이 이오순, 그 왼쪽은 송선영의 딸(송우진)

## 문익환을 보내고 곧이어 떠난 길

　1993년 봄은 유난히 심란했다. 강경대 열사 장례식 때 장례위원장을 맡았다가 구속되었던 문익환 목사가 3월에 가석방되어 돌아왔다. 그해 5월은 민족민주열사 범국민추모사업회를 결성하는 일로 바쁘게 돌아갔다. 6월에는 경희대에서 민족민주열사 범국민추모대회가 열렸고, 유가협 제8차 정기총회가 성균관대에서 열렸다. 김영삼 정부가 출범했지만 세상은 여전히 어수선했다.

　1990년 10월 21일 금촌 기독교묘역에 있던 광영의 묘를 모란공원으로 이장했다. 이오순은 열사들 장례식이나 추모제 때 모란공원에 자주 갔다. 그때마다 금촌 기독교묘역에 묻혀있는 광영이 생각났다. 모란공원은 비밀의 정원처럼 오밀조밀하게 꾸며져 있어서인지 정다워 보였다. 열사들이 이웃사촌들처럼 도란도란 살고 있는 분위기가 부러웠다. 광영이도 이곳 모란공원으로 와서 먼저 간 열사들과 오순도순 지내게 하고 싶었다. 그 염원을 마침내 이룬 것이다.

　막내아들 광영의 5주기 추모제를 치른 뒤 유해를 싣고 마석 모란공원으로 가는데 자꾸 눈물이 났다. 정작 광영을 금촌 기독교묘역에 묻던 날에는 눈물도 나지 않았다. 장례식도 없이 쫓겨서 매장해야 했다. 눈물을 흘릴 겨를이 없었다. 이제서야 제대로 장례를 지내는 것 같았다. 경원대에서 해마다 추모제를 지내고 학생들과 함께 금촌을 찾았다. 그때마다 쓸쓸한 그곳에 혼자 두고 오는 발길이 떨어지지 않았다. 이제 광영이 그렇게 좋아했던 전태일 열사와 이웃하게 되었으니 기쁠 것이다. 이오순은 전태일의 어머니 이소선과 친자매처럼 지내고 있었다. 자식들도 친형제처럼 모란공원에서 도란도란 얘기 나누며 살면 되겠구나 생각하니 기뻤다. 그런데 눈물이 났다. 이오순은 광영이 후배들과 함께 탄 차 안에서 하염없이 울었다. 광영의 후배들은 아무 말 없이 이오순의 어깨를 감싸 안아주었다. 마치 광영이 안아주는 것 같았다.

이오순은 광영을 이장한 후에 큰며느리 김점복과 자주 모란공원을 찾았다. 1993년 광영의 8주기 추모제를 지낸 후에도 큰며느리와 모란공원을 찾았다. 그때 광영을 그리는 마음을 글로 남겼다.

"광영아! 보고 싶은 내 아들아! 우리 집 다알리아 꽃은 겨울이 되면 죽었다가 봄이 되면 잎이 자라서 초가을부터 다시 꽃이 피어. 큰 송이, 작은 송이, 산들산들 가을바람 타고 싱글벙글 엄마를 쳐다보며 반기고 있는데 우리 막둥이는 길 떠난 지 8년이 되도록 못 오는가…. 무심하고 야속한 막둥이 보고 싶어서 불쑥불쑥 모란공원 무덤엘 찾아가면 오는지 가는지 불러도 대답 없고 말 한마디 못하고 돌아오는 어머니 심정 알 것도 같은데…, 다알리아 꽃만큼도 몰라주는구나…. 추석 다음 날 큰형수와 너를 찾아왔을 때도 너는 아무 말 없고, 네 후배들이 와서 너를 대신해서 반겨주는구나…. 광영아! 너도 이제는 우리 집에 해마다 탐스럽게 피는 다알리아 꽃을 닮아주어라. 그리고 이제는 민주세상, 통일세상 빨리 오라고 빌어다오. 막둥아! 사랑하는 막둥아!"

-이오순, 「우리 집 화단의 다알리아 꽃」,
이오순 어머니 민주시민장 자료집

이오순은 광영을 보러 모란공원에 갈 때마다 자신도 여기에 묻히고 싶다는 생각을 자주 했다. 벌써 예순네 살이었다. 걸음마를 뗀 순간부터 숨 가쁘게 살아온 인생이었다. 어느새 이렇게 나이를 먹었나, 생각했다. 1987년 회갑 잔치를 치른 것이 엊그제 같은데 그로부터도 벌써 4년이 흘렀다. 그때 이오순은 자식 먼저 보낸 어미가 무슨 회갑 잔치를 하느냐며 반대했다. 그런데 선영이 다 준비를 했다고 했다. 이오순은 아들과 함께 예약한 식당을 보러 갔다. 식당의 규모며 준비한 음식에 대한 설명을 듣고 흡족한 마음으로 일가친척과 유가협 회원들을 초대했다. 선영의 기억이다.

"어머니는 작은 음식점이겠거니 생각하셨는가 봐요. 그런데 저는 좀 제대로 해드리고 싶었어요. 100석 정도 규모의 아주 큰 식당이었어요. 어머니 여기 예약했어요, 그렇게 말씀드렸더니 깜짝 놀라면서 좋아하시는 거예요. 그때 찍은 사진에도 그 좋아하시는 모습이 다 나와요. …그때가 박종철 사망이 조작되었다 해가지고 날마다 데모를 할 때예요. 그래서 회갑잔치를 하기로 한 날을 전후해서 날마다 데모가 크게 일어나니까 잔치를 해야 하나 마나 고민하셨어요. 어머니가 취소하면 안 되냐고 하시더라구요. 그래서 우리가 그랬죠. 운동은 오늘로 끝나는 것이 아닙니다, 제가 다 준비했으니 그냥 하십시다. 그 래서 회갑 잔치를 예정대로 치렀죠. 제가 다니는 회사 사람들 도 오시고, 일가친척들도 오시고, 유가협 회원들도 많이 오셨 어요. 고기를 미리 100인분을 주문했는데, 그 배가 넘게 더 주 문했지요. 그렇게 많은 사람들이 와서 기분 좋게 드시니까 어 머니가 매우 흡족해하셨어요." -둘째 아들 송선영

이오순은 자신의 인생에서 그렇게 화려한 잔치를 하게 될 줄 몰랐 다. 하루 벌어 하루 먹고 사는 인생이었다. 남의 집 허드렛일이란 허 드렛일은 다하고도 겨우 하루 먹을 양식을 얻어갈 때도 있었다. 얻 어온 밥이든 행상으로 벌어온 밥이든 상관없었다. 자식들 입으로 음식 들어가는 모습을 보고 있으면 기뻤다.

이제 자식들이 다 성장해서 제 몫을 하고 산다. 영숙도, 찬영도 제 밥벌이는 하고 산다. 선영은 성공해서 회갑 잔치도 챙겨주고 형 제들, 일가친척들, 조카들까지 다 챙기면서 산다. 큰아들 한영이만 안정되면, 그러면 된다. 문득 자신에게 되물었다.

"이제 되었나? 이제 남은 일은 무엇인가?"

이오순은 광영이의 묘비석을 맨손으로 쓸었다.

"막둥이 너만 살아있으면 더 바랄 것이 없을 터인데…"

회갑 잔치 모습. 선영에게 업힌 이오순의 기쁜 표정

이오순은 언젠가 자신도 광영 곁으로 와야겠다 생각했다. 이오순은 자식들에게 죽으면 광영이 곁으로 가겠다는 말을 여러 번 했다. 모란공원에 빈 묘터가 났다는 말을 들으면 그 자리를 보러 가자고 졸랐다. 선영은 '왜 벌써 묘 타령이냐'며 핀잔을 주었지만 이오순의 원을 들어주었다. 광영을 이장한 지 1년 뒤인 1991년에 모란공원에 묘 터를 샀다. 300만 원이었다. 마치 새집을 산 것처럼 기쁘고 좋았다. 특히나 광영이와 가까운 그 자리가 너무 좋았다. 세상의 모든 것이 석양빛처럼 곧 사라질지라도 모란공원은 영원할 것 같았다. 모란공원에 막내아들과 함께 있으면 잊혀지지 않을 것이었다. 모란공원을 방문하는 동지들이 언제까지나 기억해줄 터였다.

1994년 새해가 밝았다. 새해라고 해서 여느 날과 다를 것은 없었다. 뼛속까지 파고드는 추위가 예년과 다르다면 달랐을까? 추위가 별나다는 생각을 했다. 문익환 목사 별세 소식이 들렸다. 믿지 않았다. 한양병원 영안실로 달려갔다. 눈으로 보고도 믿을 수 없었다. 영정사진 속 문익환 목사는 환하게 미소 짓고 있었다. 문익환 목사가 수많은 조문객들과 동지들의 눈물 속에서 모란공원 볕 바른 곳에 묻히는 것을 보면서도 믿기지 않았다.

이오순은 황망한 기분으로 5일간의 장례를 치르고 집으로 돌아왔다. 본가의 어머니가 돌아가셨을 때도 그랬다. 믿고 의지했던 어머니가 돌아가시자 이오순은 절망했다. 어머니를 다시는 만날 수 없다는 사실에 가슴이 미어졌다. 어머니를 묻고도 눈물이 마르지 않았다. 그러던 어느 날 어머니가 꿈속에 나타나서 꾸중하셨다.

"어린 자식들은 어떻게 하려고 그렇게 정신을 놓고 있느냐!"

그제야 이오순은 정신을 차리고 일상으로 돌아왔다. 어머니처럼 꿈에서라도 문익환 목사를 다시 한번 볼 수 있기를 기도했다. 그 따뜻한 손으로 이오순의 손을 잡아주고 그 온화한 목소리로 무슨 말이든 해주기를 바랐다. 꿈속에서 문익환 목사를 만나면 묻고 싶었다. 왜 혼자 가시느냐고. 그러면 그는 이렇게 말할 것이다.

"광영이 어머니! 내년에 통일해야지요. 1995년을 우리 민족의 통일 원년으로 만들자고 약속하지 않으셨습니까? 먼저 가서 죄송합니다. 어머님께 그 일을 맡기고 떠나게 되어서 미안합니다…."

이오순은 오열했다.

그리고 1주일 뒤, 1994년 1월 26일, 이오순은 갑자기 저세상으로 떠났다.

## 언제나 앞장서 싸우던 모두의 어머니

사람들은 넋이 나간 듯 멍했다. 문익환 목사와의 이별이 아직도 낯설기만 한데 또 한 명의 동지가 이승을 떠나간 것이다. 남은 사람들의 황망함은 말로 표현할 수 없었다. '일주일 전 문익환 목사를 떠나보내면서 오열하던 이오순을 떠올렸다. 사람들은 속된 옛말도 떠올렸다. 사람이 유명을 달리할 때 죽은 사람의 혼을 따라가기도 한다는데, 이오순 어머니가 목사님을 따라간 것은 아닐까…. 그러다 고개를 흔들었다. 그냥 옛말일 뿐인데…. 그럼에도 믿기지 않았다. 이제 예순여덟 살의 이오순 어머니가, 그것도 문익환 목사와 헤어진 지 일주일 만에 돌아가시다니….'

1994년 1월 28일 오전 9시. 안암동 고려대학교 부속병원에서 민주시민장으로 장례식을 거행했다. 한울삶, 경원대, 산자교회에서 노제를 지냈다. 수천의 동지들과 유가협 회원들, 가족과 친지들이 이오순의 장례행렬을 따랐다. 수만의 만장이 흩날리는 눈처럼 펄럭였다. 평생 삶의 터전으로 삼았던 곳, 의지하고 기댔던 교회를 지나 오후 2시에 마석 모란공원 민족민주열사 묘역에 안장되었다. 장례위원장 이해학 목사의 조사는 뜨거웠다.

"영원한 투사의 어머니! 송광영 열사의 어머니! 한국의 어머니!

조선의 어머니! 우리 모두의 어머니! 돗자리 장사, 생선장사, 우산장사, 파출부 등 우리 사회 밑바닥을 험난한 준령을 넘듯 힘들게 넘어오신 장한 어머니! '통일은 됐어. 누가 뭐래도 된 거야' 하시며 1995년을 통일 원년으로 만들자던 문익환 목사님을 그리도 사랑하셨던 어머니! 문 목사님 두루마기 옷자락을 놓칠까 봐 서둘러 저승길 따라나섰는지요."

-이오순 어머니 민주시민장 자료집

경원대학교 학생들 입장에서는 더더욱 의외였다. 문익환 목사 장례식에서 만났을 때만 해도 몹시 슬퍼하며 오열했지만 건강해 보였다. 경원대 학생들에게 이오순은 송광영 열사의 어머니이자 경원대 학생 모두의 어머니였다. 경원대 총학생회장 양준호의 조사는 이오순이 어떤 존재였는지를 말해 준다.

"어머니! 7천 경원인과 조국과 민중을 사랑하는 모든 청년 학생의 어머니! 어머니는 자주·민주·통일의 투사셨습니다. 수많은 열사의 분신현장에서, 시국사건 재판현장에서 그 누구보다 치열하게 싸우셨지만, 우리 청년 학생들에게는 따뜻한 어머니셨습니다. 맛있는 밥을 지어주셨고, 죽지 말고 싸우라고 격려해주셨습니다. 어머니! 그리울 것입니다. 잊지 않겠습니다."

-이오순 어머니 민주시민장 자료집

7부 "제발 죽지 말고 싸워라! 살아서 싸워 이겨라!"

이오순이 떠난 지 30년이 지난 지금 이오순의 동지들은 그녀를 이렇게 기억하고 있었다.

"이오순 어머니와 유가협 회원들이 우리 경대 영정 앞에 고개를 숙였습니다. 문상을 마친 이오순 어머니가 제게 다가와서 말했습니다. '경대 아버님. 경대는 죽지 않았습니다. 역사 속에서 부활할 것입니다. 경대의 죽음은 끝이 아닙니다. 부모님이 이 독재정권 종식을 위해 죽을 각오로 싸워야 합니다. 아마 경대도 그것을 바랄 것입니다.' 조문객의 의례적인 위로가 아니라 투쟁을 독려하는 이오순 어머니의 눈빛이 반짝반짝 빛나고 있었습니다. '경대는 우리 칠천만 동포의 아들'이라며 우리 부부의 손을 꼭 잡아주시는데, 정말, 감동이었습니다. 이오순 어머니는 꼿꼿하지만 겸손하고 포근하게, 항상 우리 곁에 서 있는 어머니였습니다. 인류가 존재하는 한 사라지지 않을 불멸의 어머니십니다."

-강경대 열사 아버지 강민조

"이오순 어머니는 어디를 가든, 어느 무대에 서든, 떼를 쓴다거나 억지로 울면서 동정을 끌어내지 않아요. 아주 꼿꼿한 자세로 깔끔하게 연설을 하셨어요. 그 집회의 대상과 주제를 명확하게 파악하고 연설을 하시죠. 학생모임에 가서는 학생들 수준에 맞는 언어를 써서 연설하시고, 노동자 투쟁현장에서는 노동자들에게 맞는 언어를 써서 연설을 하십니다. 그 투쟁이 무엇을 위한 투쟁인가를 파악하시고, 핵심을 딱 꽂아서 정리해 주셨어요. 타의 추종을 불허하는, 너무도 훌륭한 연설가셨어요."

-주민교회 이해학 목사

성남 산자교회에서 서로 의지하고 서로 돌보면서 우정을 나누었던 신장호 열사의 어머니 정영자는 눈물을 흘리며 이오순을 그리워했다. 정영자는 짧고 강렬한 소감을 들려주었다.

"이오순 어머니가 젤로 남달랐어요. 말도 없이 뒤에서 헌신하시고, 시위현장에서는 젤로 앞장서서 싸우시고. 보고 싶어요."

## 어머니! 다시 일어나세요

　이오순의 갑작스러운 죽음은 그 누구보다 가족들에게 큰 충격을 주었다. 한 번도 이오순이 없는 세상을 상상한 적이 없었다. 언제까지나 자식들 곁에서 든든한 벽으로 서 있을 것 같았던 어머니가 이승을 떠났다는 사실을 믿을 수 없었다.
　갑작스럽기는 동네 사람들도 마찬가지였다. 이오순이 한울삶에서 살다시피 하다가 돈암동 집으로 돌아와서는 밤마다 동네 어르신들 발을 씻어드리는 봉사를 했다. 이오순은 사망 당일에도 동네 노인분들을 다 불러모아서 비빔밥을 함께 나눠 먹었다고 했다. 큰며느리 김점복은 할머니가 이상하다는 아들 동수의 전화를 받고 집으로 돌아왔다. 동네 사람들이 점심때 있었던 일을 전해주었다.

　"어머니는 사람들을 자꾸 불러모아요. 한울삶에서 집으로 오셨을 때 동네 노인들을 다 불러모아서 함께 밥해 먹고 놀아요. 밤에는 발도 씻겨드리고 그랬어요. 밤에는 발을 씻어야 잠이 잘 온다면서 꼭 밤에 발을 씻어드리고 오셨어요. 돌아가시던 날에도 옆집 노인분들을 다 불러모아서 함께 보리밥으로 비빔밥을 해 드셨대요. 동네 노인들 말이, 어머니가 그 비빔밥을 먹고 체했다는 거야. 체해서 마당 수돗가에 담가둔 빨래를 못 하겠다고 걱정하셨대. 아침에 나갈 때 큰 다라이에 빨래를 담가두고 나갔거든. 어머니가 빨겠다고 하셔서 그냥 나갔는데, 그 빨래가 그대로 있더라구. 체해서 빨래를 못 하신 거야."

큰며느리 김점복은 아들 동수의 전화를 받고 집으로 오는 길에 구급차를 불렀다. 구급차보다 먼저 도착한 김점복이 병원에 가자고 하자 이오순은 체했다고, 약 먹으면 된다고 대꾸했다. 곧이어 구급차가 도착했고 고려대병원으로 이송되었다. 이오순은 119구급차 안에서 운명했다. 큰며느리 김점복과 장손 송동수가 임종을 지켰다.

이오순의 셋째 아들 찬영은 막냇동생 광영이 분신한 후 슬퍼하는 어머니를 위로하기 위해 시를 썼다. 그가 교사였을 때 교정을 바라보다 쓴 시라고 했다. 그 시가 이오순을 위한 조사(弔辭)가 되었다.

이장하기 전의 모란공원 묘지

이오순은 2009년 민주화운동유공자로 인정되었고, 2014년 이천 민주화운동기념공원 묘역으로 이장했다.

**어머니 다시 일어나세요**

어머니
교실에서 창밖을 보았어요
넓은 운동장과 뒷숲으로
하염없이 찬비만 오고
까닭 없이 마음이 허전한데
아! 뛰어든 여학생 하나
지워지는 원을 따라 돌고 있지 않아요
한 바퀴 두 바퀴 세 바퀴…
……

어머니
동생도 저랬다지요
저리 비가 오는 날
……

어머니
오랜 세월 무거운 짐 머리에 이고
이 골목 저 골목 외치시던 어머니
저희 형제들 가르치고 기르시려고
하루 두 끼도 드는 둥 마는 둥
동생이 냄새 맡던 그 고운 머리카락
반백이 되고

주름살만 가득해도 그 사랑 한없는데
동생은 어머님 따스한 품을 떠나야만 했나요?
······
평생을 절망 속에 쓰러지고 다시 서신 어머니
다시 한번 일어서서 보세요
저 벌 받는 여학생의 강함을 보세요
동생의 강철같이 자란 그 정신
대견하고 자랑스럽지 않은가요?
병상에서 보여준 그 씩씩함이 떠오르지 않나요
저 젊은 혼들 이 땅을
꽃밭으로 일구기에 부족함이 있을까요!

-송찬영 시, 「어머니 다시 일어나세요」 부분, 1986년 무렵

에필로그

## 함께 돌보고 함께 나누는 삶을 살다간 이 ──

  이오순은 1959년 1월 말, 어느 새벽에 새로 탄생했다. 그날은 태어난 날도, 혼인한 날도 아니었다. 이른 새벽, 남도땅 외진 시골 마을 신촌에서 서울로 떠난 날이었다. 그날부터 이오순의 모든 날은 다시 시작되었다.

  백일이 갓 지난 막내아들 광영을 업고 머리에는 이불 보따리를 인 채 길을 나섰다. 석곡천을 건너기 전 잠시 바라본 한겨울 새벽하늘은 유난히 맑았다. 별이 반짝이는 고요한 새벽하늘 아래서 이오순은 다짐했다. 이 순간을 잊지 않겠다고. 어린 자식들을 떼어 놓고 돈을 벌기 위해 나서는 길, 새벽하늘의 청명한 정적을 기억할 것이라고. 석곡천을 건넌 이오순은 새벽어둠 속에 잠긴 작은 오두막집을 뒤돌아보았다. 그리고 묵묵히 발걸음을 옮겼다.

  그날 이후 이오순의 삶은 책임감으로 점철된 날들이었다. 돗자리 장수로 시작해 1970년대 혼수 시장을 휩쓸었던 스테인리스 용품까지 거의 모든 생활필수품을 머리에 이고 다니며 팔았다. 그렇게 가족의 생계를 책임졌다. 그러나 자식들을 충분하게 먹이고 입히지는 못했다. 다섯 남매 모두 대학에 보내지도 못했다. 특히 외동딸 영숙을 끝내 가르치지 못한 것은 평생 마음 한구석에 상처로 남았다. 이오순의 가족은 그녀의 노동으로 지탱되었다. 그녀는 명실상부한 가장이었다.

이오순은 자식뿐만 아니라, 이웃, 일가친척, 유가협 동지들을 돌보며 함께 살아갔다. 그녀는 언제나 남들 앞에 나서기보다 뒤에서 조용히 헌신하는 사람이었다. 그렇다면 그녀는 자기 자신을 위해서는 어떤 헌신을 했을까? 수많은 자료를 훑어보아도 '무엇을 좋아했다', '무엇을 즐겼다'는 기록은 없었다. 늘 돈을 벌러 다녔고 시위에 참여했고 유가협 회원들과 한울삶에서 지냈다. 틈이 나면 돈암동 집에 돌아와 이웃 어른들 발을 씻겨드리거나 이웃들과 비빔밥을 해서 나눠 먹었다. 문득 깨달았다. 그녀가 좋아한 것은 함께 돌보며 나누는 삶이었다.

민주화운동의 현장에서 이오순은 재치있는 투사였다. 그녀가 민주화운동에 뛰어든 계기는 막내아들 송광영의 분신에서 비롯되었다. 하지만 자식 잃은 슬픔과 분노에 휩쓸려 나선 것은 아니었다. 뜨겁게 치솟는 감정보다 냉철한 판단으로 독재정권에 저항했다. 학생들이 끌려갈 때는 몸을 사리지 않고 달려가서 막았다. 유가협 회원들이 시위대 선봉에 서면 경찰들은 긴장했다. 누구노 앞장서지 못하는 상황에서도 유가협 회원들은 망설임이 없었다. 자식을 잃은 부모에게 두려운 것은 없었다.

하지만 다시 생각해 보자. 유가협 회원들은 자식을 잃은 슬픔과 분노 때문에 그렇게 치열하게 싸웠을까? 소중한 가족을 잃고 더 이상 삶의 의미를 찾지 못하고 절망해서 선봉에 섰던 것일까? 처음은 그렇게 시작했다. 시간이 흐르면서 그들은 깨달았다. 가족과 자식의 의분 뒤에는 구조적 폭력과 독재권력이 있다는 것을. 이오순은 벽처럼 높고 단단한 그 구조에 저항한 것이다. 너무 늦게 그 실체를 알게 된 것을 깊이 후회했고, 그래서 더 물러서지 않고 끝까지 싸웠다. 이오순의 독재 타도 투쟁은 2009년 민주화운동 유공자로 인정됨으로써 그 진정성을 증명받았다.

이오순의 삶에서 본받을 점은 조용한 헌신이다. 타인의 시선을 의식하지 않고 묵묵히 할 일을 하는 사람이었다. 이오순은 1927년에 태어나 1994년 68세를 일기로 유명을 달리할 때까지 한 가정의 가장이었고 노동자였으며 다섯 자녀의 어머니였다. 민주화운동 투사였고 열 명의 후손을 남겼다. 이오순을 설명하려면 이 모든 역할을 한데 모아야 한다. 평전을 쓰면서 절감했던 것은 그녀의 삶은 어느 하나의 정체성으로만 담을 수 없다는 사실이었다. 분명한 것은 헌신이 모든 역할의 중심에 있다는 점이다. 보이지 않는 곳에서 이름을 드러내기보다 행동으로 묵묵히 열정을 다했다. 학생들 앞에서 연대사를 할 때만 자신의 생각을 과감하게 드러냈다.

"죽지 말고 살아서 투쟁하라!"

이 글을 쓰는 내내 고민했다. '어머니'라는 모성에서 비롯된 민주화운동을 어떤 정체성으로 설명할 수 있을까. 그럴 때마다 어머니에게 물었다. 어머니. 당신은 어떤 역할을 가장 내세우고 싶으십니까? 어머니의 대답은 없었다. 그러나 알 수 있었다.

그 모든 역할이 다 이오순이었다.

내가 본 이오순

## 질곡의 역사에 피어나신 열사의 어머니 이오순!

과거 1980년대 질곡의 역사를 거치며 민주주의의 가치인 자유와 평등을 외치다 수많은 사람이 죽었다. 고문과 살인, 의문사와 실종 등. 그 가운데서도 학생 노동자 시민들의 목숨을 건 분신이나 투신 등의 저항운동이 있었다. 군사쿠데타 세력의 억압에 저항할 수 있는 수단과 방법이 너무 적었고 극단적으로 자신의 목숨을 걸고 투쟁한 열사들이 있었기에 오늘의 민주주의가 있고, 그 수혜를 지금 세대는 누리고 있다.

자식과 가족을 잃은 이들 가운데 열사의 아버지와 어머니들이 존재한다. 모든 민주주의 투쟁 현장에는 자식과 가족을 잃었던 깨어 있는 유가족들이 항상 중심에 있었다. 송광영 열사의 어머니 이오순도 그중 한 분이었다. 이념과 사상은 몰랐으나 불의와 부정에 대해선 분노하고 싸우셨으며 또다시 자식 같은 젊은이들이, 노동자가 더는 죽지 않기를 바랐기에 어머니는 헌신적으로 투쟁하셨다. 자식을 넘어선 어머니의 투쟁을 우리는 기억한다.

그 당시 경원대(지금의 가천대) 정문 앞에서 집회하고 있을 때 쪽진 머리에 치마를 입으신 어머니가 시위대 앞에서 한 마디 한 마디 토해내던 진솔한 이야기가 나는 아직도 기억난다. '죽어서는 안 되고 살아서 싸우고 민주주의를 지키는 것이 바른 도리'임을 강조하던 말씀이다. 당시 목숨마저 요구했던 군사독재의 암울한 시대에 어머니는 다른 자식을 염려하고 걱정했기에 싸우되 죽지 말고 당당히 싸우라 말씀하셨다. 작은 키에 검게 그을린 어머니의 비유 섞인 연설은 대중 선동 연설가의 이야기 방식과 달랐다. 삶과 당신의 생활에서 나온 이야기는 곧 철학이었다. 뻔하지 않은 살아있는 이야기는 우리 가슴에 울림을 주었다.

자식을 잃은 이후 어머니는 당시 김해성 전도사가 만든 성남의 산자교회에 출석하며 신앙생활을 하며 그 믿음 속에 확신을 품으셨다. 자식의 죽음 앞에 한걸음에 달려와 주신 문익환 목사, 계훈제 선생, 김해성 전도사, 이해학 목사 등이 어머니에겐 새로운 힘과 배움이 되셨던 듯하다. 그래서 두려움 없는 대찬 투쟁을 하시고, 학생을 잡아가려는 전투경찰을 온몸으로 막고 저항했던 어머니를 기억한다.

지금 이러한 역사와 아픔을 기억하는 이도 드물고 관심을 가지는 젊은이들도 적다. 역사를 통해서 우리는 배움과 깨달음을 얻고 전진한다. 우리가 추구하고 간직했던 자유와 평등의 사상과 평화의 외침은 아직도 유효하듯이 모든 열사와 그 유가족의 일들이 당사자와 가족만의 일로 그쳐서는 안 된다.

아직도 유공자법을 위해서 헌신하고 싸우는 유가족들이 있다. 이분들 또한 그분들의 헌신 정도에 따라 예우되고 기억돼야 한다. 자식을 앞세우고 나를 세우지 않겠다는 부모들의 뜻은 알지만 묻혀서는 안 된다.

2025년은 송광영 열사가 분신 산화한 지 벌써 40년이 된다. 이십

대였던 나도 육십을 넘었으니, K-민주주의는 당대의 노동자 학생 시민들의 투쟁과 피와 땀 덕분에 이룩되었음을 우리는 자각해야 한다. 다시는 야만의 시대가 이 땅에 도래해서는 안 되고, 남북 분단이 여전한 한반도에 평화와 상생의 꽃이 피기를 바란다. 이것이 바로 이오순 어머니가 바라던 세상일 것이다. 추모를 넘어 정신계승을 이어가야 하는 오늘의 과제를 이 평전과 함께 다시 떠올려본다.

심우기(송광영 천세용 열사 기념사업회 초대 회장)

## 다시 어머님을 불러봅니다

이오순 어머님의 이야기를 하려고 하면 매번 눈가에 눈물이 고입니다. 어머니와 함께 했던 시간들이 30여 년이나 지났지만 아직도 마음 한자리에 계셔서 어머님을 부르면 되살아나는 감정이 올라오나 봅니다.

제 마음에 넣어둔 기억 속 사진 한 장을 소개한다면 기도하시는 어머님 모습입니다.

주일 아침이면 누구보다 일찍 오셔서, 텅 빈 교회당 장의자에 앉아 정갈한 한복 차림으로 조용히 머리를 숙이고 계시는 어머니의 모습입니다.

서울 삼선동에서 몇 번의 차를 갈아타고 성남 산자교회까지 오셔서 홀로 드리는 어머님의 기도는 무슨 기도였을까 생각해봅니다.

갑자기 자식을 먼저 떠나보내고 그리움을 가슴에 품고 사시는 어머니, 홀로 외롭고 슬픈 이 길 위에서 자식이 원하고 바랐던 뜻을 기억하며, 아들을 사랑하는 어머니는 끝까지 그 뜻을 지켜나갈 수 있기를, 세상의 풍파에 무너지지 않도록 하나님의 자비를 구하지 않았을까요?

"어머님! 왜 이렇게 일찍 오셨어요?" 물으면 "이것밖에 내가 할 수 있는 게 없어요"라고 하신 말씀이 기억납니다.

빛바랜 또 하나의 사진을 꺼낸다면 모두를 놀라게 했던 호통 치는 어머니 모습입니다. 그때는 교회에서 조용하고 인자하신 모습과는 사뭇 달랐습니다.

그 당시 우리 교회는 노동선교의 일환으로 노동자를 위한 선교에 헌신했습니다.

교회에서 노동자들이 모여 노조를 결성하는 등의 일들이 있었을 때, 수시로 형사들이 교회를 감시하고, 예배시간에도 사복을 입고 와서 교회의 동향을 살폈습니다.

어느 주일 날, 문익환 목사님께서 북한을 방문하시고 구속되셔서 수감생활을 하시고, 석방되신 후 처음으로 산자교회에 오셨습니다. 오전에는 산자교회에서 말씀을 전하시고, 오후에는 주민교회에서 통일강연을 하시기로 되어 있었습니다. 산자교회 교우들이 문 목사님과 함께 주민교회에 도착했을 때는 교회입구와 주변을 경찰들이 에워싸고 있었습니다. 경찰 방어막을 뚫고 교회당 안으로 들어가는 과정에서 김해성 목사가 경찰의 폭행으로 쓰러져 병원으로 이송되었습니다. 이후 성남경찰서 경비과장이 교회에 사과하러 왔습니다.

그때 경비과장을 보고 어머님은 앞으로 나가 "당장 공식적으로 사과하라"고 호통을 치셨습니다. 그 작은 체구에서 나온 포효에 그 형사는 움찔해하며 연신 고개를 숙였습니다.

겉으로 보기에는 한없이 조용하셨던 어머님은 아들처럼 가슴속에 불같은 열정을 지니고 계셨습니다. 민주화 시위 현장에서도 강하게 외치고 저항하셨습니다. 그리고 늘 "죽지 마시오. 살아서 싸웁시다." 라고 당부하셨습니다.

어머님의 조용한 기도와 강렬한 포효는 이 땅의 진정한 민주화가 오기까지 우리를 따뜻하게, 때로는 강하게 보듬어 주실 것입니다.

김현의(산자교회 목사)

## "폭탄이다, 이놈아!" 웃음으로 우리를 깨운 여전사

이오순 어머니, 아니 이오순 열사는 내가 만나지 못한 송광영 열사를 짐작해 볼 수 있는 거울이었다. 어머니가 싸우는 모습, 어머니의 연설에 대한 기억들은 사실 인간 이오순에 대한 기억보다 그 안에서 송광영 열사의 이미지를 찾던 내 젊은 날에 대한 기억이 늘 먼저였다. 나의 무관심, 나의 좁은 시건으로 인간 이오순을 살 들여다보지 못한 게 참 아쉽다. 왜냐하면 그저 선배들 따라쟁이였던 나와 달리 그는 집회장과 법정에서 누구보다 뜨겁게 투쟁했던 투사였기 때문이다.

요 며칠, 알고리즘을 타고 민가협 40주년 축하 영상이 올라오는데, 소개글에 붙은 '민주와 인권을 향한 40년, 어머니의 위대한 여정'이라는 소제목이 눈에 들어온다. 민가협, 혹은 유가협은 여전히 '어머니'의 특수성, 혹은 보편성에 기대왔구나 하는 생각이 든다. 어머니가 아니라 아버지, 혹은 형제자매가 싸워도 세상 그 어떤 것보다 강력한 '모성'에게 늘 앞자리를 내어준다. 모성을 부정하는 건 아니지만 거기에 가려진 한 인간의 모습이 어쩌면 더 중요하지 않을까 하는 생각이다.

사실 나는 오랫동안 민가협과 유가협, 혹은 그와 유사한 민주화 운동 단체를 잘 구별하지 못했다. 비슷한 이미지, 혹은 겹쳐져 있는 활동 때문이리라. 찾아보니 민가협은 1985년 12월 12일에 설립되었고, 주로 구속학생과 양심수 등 생존 피해자를 위해 싸웠다. 이와 달리 유가협은 말 그대로 죽은 사람의 남은 가족들로 이뤄진 단체다. 민가협에서 따로 빠져나와 1986년에 결성됐다. 이오순 열사는 유가협이 만들어질 때 누구보다 적극적이었다고 들었다. 그 감정을 짐작해 보면 자녀가 아직 살아서 내일을 꿈꿀 수 있는 가족을 볼 때 부러웠을 것 같다. 그리고 죽은 자식을 대신해 싸워야 한다는 책임감은 그들과 달랐을 것 같다. 그 시절의 투쟁을 이력 삼아 우리 사회 여기저기서 활약하는 정치인, 유력인사들을 바라보는 지금의 내 마음처럼 말이다.

유가협 창립대회 사진을 가만히 바라본다. 정중앙에서 흰색 여름 한복을 입고 담담한 얼굴로 나를 응시하는 이오순 어머니의 표정을 본다. 웃지 않는, 사진에 익숙하지 않은, 그러나 눈앞의 상황을 직시하는 얼굴이다. 만약 AI기술로 어머니가 살아 움직이던 순간을 사진과 영상으로 복원할 수 있다면 나는 제일 먼저 어머니의 육성을 들어보고 싶다.

몇몇 사진으로 보이는 정적인 이미지만으로는 그 패기와 유쾌함이 담기지 않아서다. 물론 어머니로서 그의 모습이 기억에 더 많은 것도 사실이다. 마석 송광영 열사 무덤 아래, 잔디밭에서 점심을 먹었을 때 어머니가 바리바리 가져와 우리에게 퍼주시던 뜨끈한 국 맛 같은 기억 말이다. 그러나 더 강렬한 기억은 따로 있다. 과 선배가 화염병을 들고 있는 사진이 찍혀서 결국 구속, 재판 받는 날이었다. 당시 총학생회장과 우리 선배의 태도가 대비되어서 유독 기억에 남았다. 무섭기도 하고 속상한 마음, 그리고 법정의 무거운 공기를 가르는 어머니의 목소리가 있었다. 어머니는 그런 날이면 늘 찾아와 응원군이 되어 주셨다고 했다. 수의를 입고 재판정에 들어서는 선배와 일행들에게 어머니는 "너희들은 잘못한 거 없어! 고개 들어!" 하고 외쳤다. 그 소리에 침묵은 박수로 바뀌었다. 뒤이어 또 어머니가 뭐라고 하셔서 사람들이 웃었는데 그건 정확히 기억나지 않는다. 그 날 선배의 최후변론이 더 깊이 각인된 때문이리라.

또 다른 장면이다. 햇살이 뜨거운 1992년 5월의 집회장이었다. 당시 교내, 성남시내, 그리고 서울시내의 여러 집회장을 오간 터라 정확히 한 곳을 특정하기 어렵지만 학교 운동장으로 기억한다. 당시 우리 학교 90학번 천세용이 공과대학건물인 F동에서 분신 후 뛰어내렸다. 그리고 난생처음 보는 인파가 추모식과 집회장에 모여 세용이를 대신해 외쳤다. 당시 구호가 "육천 경원 단결하여~" 였는데, 아마 그 반 이상은 모인 것 같은 날이었다. 나는 많은 학생들을 보며 두리번거리다 운동장을 향해 시선을 옮겼다. 그날 집회 사회자나 연사들은 말솜씨가 별로 였다. 그저 슬픔이 우리를 짓누를 뿐, 무슨 말인지 잘 전달되지 않았다. 그때 어머니가 연단에 오른다는 말과 함께 다 같이 일어나 노래를 불렀다. "사람 사는 세상이 돌아와 너와 내가 부둥켜안을 때" 팔을 뻗으면서 가슴이 뛰었다. 마지막 가사 "어머니 해맑은 웃음의 그날을 위해" 때문이었다.

연단에 오른 이오순 어머니는 전혀 떨지 않았다. 당시 연설을 자주 들은 것 같았는데, 매번 어머니의 연설이 좋았다. 길이가 적당했으며, 적어도 두세 번은 학생들을 크게 웃게 했다. 타고난 이야기꾼이라는 생각이 들었다. 그땐 송광영 열사가 저랬겠구나 하며 들었는데, 나중에 장사를 하셨다는 말을 듣고 원래 그런 재능이 있으셨구나 하는 생각이 들었다.

"내가 학생들 감옥에 가고 그러면 재판장에 꼭 갑니다. 가서 절대 고개 숙이지 마라! 너희들은 잘못한 거 하나 없다고 힘이 나게 말해줍니다. 근데 가서 구호를 많이 외치고 하니까 목이 잘 마릅니다. 그래서 항상 보온병을 들고 다녀요. 근데, 이놈의 전경 새끼가 이 늙은 어미를 검문하는 겁니다. 더듬고 지랄입니다. 다른 건 별거 없는데, 묵직한 보온병이 이상했나봐요. 이게 뭐냐고 묻더라구요. 그래서 제가 하늘에 높이 쳐들면서 말했습니다. 폭탄이다 이놈아!"

여러 번 들어서인지, 다른 이야기보다 압도적으로 재미있어서인지 유독 이 이야기만 기억에 남아있다. 아마 재미있어서 여러 차례 다른 사람에게 이야기했을 거다. 동작까지 흉내 내면서. 사실 어머니를 보면서 중학교 때 돌아가신 할머니가 생각난 적도 있었다. 쪽진 머리와 한복, 그리고 전라도 말투가 그랬다. 억척스럽게 싸우는 모습도 비슷했다. 하지만 사진을 보면 확실히 다른 얼굴이다.

이런 기억을 떠올리면서 어머니의 사진을 본다. 잘 생각나지 않는 목소리를 떠올려 본다. 지금까지 살면서 안타까운 죽음의 수만큼 많은 유가족들을 보았는데, 그 슬픔과 절박함을 이오순 열사는 끝내 넘어선 것 같았다. 그에겐 아들을 대신한 싸움이었고, 결국 자기 자신의 싸움이었다. 여전히 지키고 싶은 사람들이 있었고, 하나씩 쌓여가는 신념도 있었을 것이다. 그러니 이제 내 기억 속에서 이오순은 어머니가 아니다. 한 시절 함께 싸웠던, 같이 목소리를 높였던 동료였고 선배였고 더 자세히 알고 싶은 한 사람이다.

이현숙(작가)

## 할머니에 대한 기억

쌍놈의 새끼!

티비를 보시면서 쌍욕을 하시던 할머니. 놀라 도망가서 아빠를 붙잡고, "왜 할머니는 저렇게 화가 나셨어?" 물어보던 일이 내가 가지고 있는 할머니에 대한 기억 중 가장 오래된 것이다. 명절 때마다 곱게 빗어 쪽진 머리를 하시고 한복을 입으셨던 할머니. 내가 좋아하는 약과를 모아놓고 꼭 챙겨주시던 할머니. 하지만 티비에 대머리 아저씨*가 나오면 할머니는 어린 내 앞에서도 거침없이 욕을 하셨다. 막내 삼촌이 어린 나이에 독재정권에 반기를 들다가 돌아가신 후 할머니는 민주화 운동에 참여하시기 시작했고 '민주 투사 할머니'란 이름으로 민주화 운동 학생들에게 유명했다고 들었다. 어렸을 때는 할머니가 하시는 일이 무엇인지 잘 몰랐다. 할머니를 따라 전 김대중 대통령 자택에 가서 그 당시 김대중 총재님을 뵈었다.

할머니는 집에서 나오셔서 꽃동네란 곳에서 사셨다. 할머니가 돌아가셨을 때 수십 명 수백 명의 대학생들이 몇 날 며칠 동안 할머니 장례 치르는 것을 도왔다. 그 당시는 그런 것들이 어떤 의미였는지 잘 몰랐다. 자식을 잃는다는 것이 얼마나 상상만으로도 고통스러운

---

\* 당시 대통령을 지칭

일이라는 것을 몰랐다. 독재정권에 맞서 싸우다 죽은 자식의 뜻을 자신이 몸소 실천하기 위해 사회에 뛰어드는 것이 얼마나 용감한 일인지 몰랐다.

　보통 할머니들과 달리 독재정권에 앞서 쌍욕을 거침없이 날리시고 이름 없이 대한민국의 민주화를 위해 싸우셨던 할머니. 엄마가 되고 성인이 된 후에야 나는 내가 생각조차 할 수 없는 일들을 할머니는 행동으로 옮기시고 자신의 고통을 민주화 운동으로 승화하셨음을 알게 되었다.

　할머니께서 자신을 희생하며 이 나라를 위해 싸웠기에 그 공으로 내가 대한민국이란 나라에서 편히 공부하고 자랄 수 있었다는 것, 우리나라 대한민국이 계속해서 발전해나가고 민주주의를 굳건히 지킬 수 있는 기반이 만들어졌다는 것을 나는 항상 기억하고 할머니께 감사드린다.

송우진(이오순 손녀)

# 이오순 연보

| | |
|---|---|
| 1927년(2세) | 음력 5월 18일 출생 |
| 1943년(17세) | 송판금과 혼인(송판금은 1911년 출생) |
| 1945년(19세) | 해방을 맞이함. 큰아들 송한영 태어남 |
| 1947년(21세) | 시어머니 이장성 별세 |
| 1949년(23세) | 외동딸 송영숙 태어남 |
| 1950년(24세) | 한국전쟁 발발 |
| 1952년(26세) | 둘째 아들 송선영 태어남 |
| 1955년(29세) | 셋째 아들 송찬영 태어남 |
| 1957년(31세) | 시아버지 송두섭 별세 |
| 1958년(32세) | 막내아들 송광영 태어남 |

| | |
|---|---|
| 1959년(33세) | 막내아들 송광영을 업고 서울로 돈 벌러 떠남, 큰아들 송한영(15세) 머슴살이 보냄 |
| 1962년(36세) | 4살 된 송광영 신촌마을로 내려보냄 |
| 1964년(38세) | 남편 송판금 별세 |
| 1967년(41세) | 신촌마을에서 서울로 완전히 이주 |
| 1985년(59세) | 9월 17일 막내아들 송광영 분신 항거/10월 21일 새벽 1시경 송광영 사망(27세) |
| 1986년(60세) | 민주화운동유가족협의회(유가협) 창립회원으로 활동 |
| 1991~92년(64~65세) | 유가협 부회장 역임(수배 중 부회장직을 맡았음) |
| 1994년(68세) | 1월 26일 심장마비로 별세. 1월 28일 마석 모란공원 민족민주열사묘역 안장 |
| 2009년 7월 21일 | 이오순열사 민주화운동 유공자 인정.<br>* 2002. 1. 송광영 열사 민주화운동 유공자 인정 |
| 2014년 5월 7일 | 송광영·이오순 열사 이천 민주화운동기념공원 민주묘역으로 이장 |

# 참고자료

## 이야기를 들려주신 분들

친인척: 송한영, 송영숙, 송선영, 송찬영, 김효지, 이용남, 이만신, 이말례(박영선), 김점복, 임숙정

유가협: 강민조, 김해성, 김현의, 박래군, 심우기, 이해학, 임일빈, 정영자, 조인식

## 참고문헌

강준만, 『한국현대사 산책3』, 인물과 사상사, 2003.

김기선, 『박선영, 끝나지 않은 이야기』, 우리교육, 2025.

김형수, 『김남주 평전』, 다산책방, 2023. 『문익환 평전』, 다산책방, 2018.

민종덕, 『노동자의 어머니, 이소선 평전』, 돌베개, 2016.

송기역, 『유월의 아버지』, 후마니타스, 2015.

오도엽, 『지겹도록 고마운 사람들아』, 후마니타스, 2008.

이동권, 『강경대 평전』, 민중의소리, 2011.

임미리, 『열사, 분노와 슬픔의 정치학』, 오월의봄, 2017.

광주시립민속박물관, 『光州』, 2007.

송기역·정윤영 기록/전국민족민주유가족협의회 편찬, 『너의 사랑 나의 투쟁』, 썰물과밀물, 2016.

송광영·천세용 기념사업회/민주화운동기념사업회, 『1985 송광영』, 밥북, 2022.

이수애·한신애·박남순·송경자 저, 『전남여성 100년』, 다지리, 2004.

브레히트 시집, 김광규 옮김, 『살아남은 자의 슬픔』, 도서출판 한마당, 1992.